Introduction
à la
géopolitique

Du même auteur

Relations internationales
1. Questions régionales
Seuil, « Points Essais », 5e éd., 2003

Relations internationales
2. Questions mondiales
Seuil, « Points Essais », n° 260, 6e éd., 2004

Les Institutions européennes
Armand Colin, « Compact », 7e éd., 2005

L'Ordre mondial
Armand Colin, « U », 3e éd., 2003

Dictionnaire de géopolitique
Armand Colin, 2002

La Mondialisation
PUF, « Que sais-je ? », n° 1687, 5e éd., 2004

La Communauté internationale
PUF, « Que sais-je ? », n° 3549, 2000

La Gouvernance
PUF, « Que sais-je ? », n° 3676, 2003

Comprendre la Constitution européenne
Éditions d'Organisation, 2004

Un monde d'ingérences
Presses de Sciences Po,
« Bibliothèque du citoyen », 2e éd., 2000

Repentance et Réconciliation
Presses de Sciences Po,
« Bibliothèque du citoyen », 1999

La France dans le monde
Hachette, « Les fondamentaux », 1994

Les Grands Concepts de la politique internationale
Hachette, « Les fondamentaux », 1995

Philippe Moreau Defarges

Introduction à la géopolitique

Deuxième édition revue
et mise à jour

Éditions du Seuil

OUVRAGE RÉALISÉ SOUS LA DIRECTION
ÉDITORIALE DE JACQUES GÉNÉREUX

ISBN : 2-02-079986-3
(ISBN 2-02-021267-6, 1re publication)

www.seuil.com

À la mémoire de Philippe Galliot,
qui m'a appris la rigueur de penser.

Introduction

Le terme « géopolitique » fait aujourd'hui partie de ces mots magiques qui expliquent – ou plutôt paraissent expliquer – l'inexplicable : serait géopolitique toute question se situant au-delà de la rationalité claire et mettant en jeu des intérêts immenses, donc indéfinissables. Or, il y a un peu plus d'un demi-siècle, la géopolitique est maudite : au lendemain de la Seconde Guerre mondiale, elle est regardée comme une science allemande, nazie, ayant fourni à Hitler et à ses ambitions délirantes des justifications « objectives ».

Mais qu'est-ce que la géopolitique ? Selon une définition aussi simple que possible, la géopolitique s'interroge sur les rapports entre l'espace (dans tous les sens du mot) et la politique : en quoi les données spatiales affectent-elles le ou la politique ? Et aussi pourquoi, comment le politique se sert-il de l'espace ?

La géopolitique est une démarche intellectuelle. Comme toute discipline, elle ne naît pas par hasard ; sa formation comme savoir méthodique, à la fin du XIXe siècle et au début du XXe, est indissociable d'un environnement précis, et d'abord du développement de la conscience géohistorique des hommes : *La conscience géohistorique (chapitre 1)*. Les chapitres 2, 3 et 4 traitent des grandes expériences et traditions géopolitiques, de leur évolution et éventuellement de leur situation actuelle : *Géopolitiques de la mer : Angle-*

terre, États-Unis, Japon (chapitre 2) ; Géopolitiques continentales : Allemagne, Russie (chapitre 3) ; Géopolitiques de la défaite : France, Espagne, Italie (chapitre 4). Les chapitres 5, 6 et 7 s'interrogent, eux, sur les transformations de la géopolitique à travers trois dimensions fondamentales – stratégique, économique et institutionnelle – des relations internationales : *Géopolitique et guerre (chapitre 5) ; Géopolitique et mondialisation (chapitre 6) ; Géopolitique et organisations internationales (chapitre 7).*

1

La conscience géohistorique

L'analyse du poids de la géographie dans les rapports politiques requiert une démarche préalable : la compréhension des mécanismes fondamentaux par lesquels les hommes se forgent une conscience de l'espace. Entre l'homme et l'espace existent des dialectiques toujours en mouvement : si l'espace contribue à façonner l'homme, ce dernier, par son regard, ses gestes, son travail, ne cesse de transformer l'espace. Ces interactions s'inscrivent dans le temps. Ce dernier ne cesse de modeler et de remodeler les représentations humaines. Toute approche de l'espace est historique. Tout homme, tout groupe perçoit le monde à travers sa culture, ses expériences, ses traumatismes. Ces perceptions sont vivantes, se modifiant sous le poids des événements et des réactions qu'ils suscitent.

L'espace est une réalité « objective » ; mais les hommes et leurs communautés ne le saisissent qu'à travers leur « subjectivité ». L'espace est une contrainte dont l'homme ne peut s'affranchir ; mais l'impact de cette contrainte varie dans chaque situation particulière.

Alors, comment la conscience de l'espace, la conscience géohistorique, se forge-t-elle, se métamorphose-t-elle ? Trois facteurs apparaissent essentiels : les modes de vie (I) ; les connaissances, les techniques d'appréhension de l'espace (II) ; enfin, les structures sociopolitiques (III). Dans le fleuve de l'histoire, ces trois séries de facteurs, entremêlées, s'influencent en permanence. Mais la clarté de la réflexion demande de les séparer.

*
* *

I. LES MODES DE VIE

Les espaces s'imposent aux hommes. Mais ceux-ci ont des besoins, des attentes (d'abord se nourrir, mais aussi se loger, vivre en société, croire…). Alors, les hommes imaginent, exploitent, aménagent, construisent, détruisent ces espaces.

Ces rapports entre l'homme et l'espace suscitent des distinctions clés, qui sont au cœur de l'histoire des hommes.

A. Le sédentaire et le nomade

L'histoire ou plutôt les représentations qu'elle suscite se cristallisent autour d'oppositions simples, fortes, qui organiseraient les cycles du temps. Ainsi le sédentaire et le nomade.

– *L'agriculteur* appartient à la terre qu'il travaille et qui assure sa subsistance. Il est le paysan – égyptien, chinois, français… –, répétant, de génération en génération, les mêmes gestes méthodiques pour faire produire le même sol. Pour cet homme, son espace, ce sont son champ, sa demeure, son village. Or, pendant des millénaires, la quasi-totalité des hommes ont vécu ainsi, leur monde, le monde étant cet espace quasi immobile, délimité ; de l'horizon ne sauraient venir que des menaces.

– Pour *le nomade*, identifié à son cheval, l'espace est infini. Il est là pour être parcouru, conquis, dévasté. Si le paysan est enraciné dans la terre (tout en tentant souvent de s'en échapper), le nomade est le mouvement, la course. Il écrase, massacre, pille le paysan. Ainsi l'histoire serait régie par une lutte permanente entre le sédentaire et le nomade – comme le racontent ces westerns opposant l'homme en mouvement (le cow-boy) et le fermier soucieux de fixer, de clôturer sa terre.

Si les nomades bâtissent d'immenses empires – tels ces empires des steppes (René Grousset) s'étendant de l'Europe à la Chine –, ces constructions se dissipent comme poussière au vent. Quant au paysan, battu, pressuré, tué, il survit à tous les maîtres. Les plus vieux pays du monde – Égypte, Chine, Iran et même France – ont subi tant d'invasions, tant de tyrans étrangers ; pourtant, leurs paysages ainsi que les traces faites par les hommes – champs, réseaux d'irrigation, chemins… – ont quelque chose d'éternel, renaissant sans cesse, une fois les envahisseurs passés.

– *Désormais, ces deux appréhensions de l'espace se trouvent brouillées.* Depuis la nuit des temps, l'homme « moyen » était paysan ; désormais, il est et sera de plus en plus l'habitant de conglomérats urbains, s'entassant dans des banlieues infinies, se décomposant peu à peu dans les campagnes. Le nomade incarnait la noblesse du monde – tels les Touaregs du Sahara ou encore les ultimes caravanes parcourant les déserts d'Arabie. Mais les États s'accommodent mal des nomades, qui ignorent les frontières et n'appartiennent à aucun lieu. Les orgueilleux voyageurs se retrouvent, tous, plus ou moins clochardisés, leurs itinéraires séculaires brisés par les partages étatiques. Aujourd'hui, le nomade est soit un migrant misérable en quête d'une terre d'abondance, soit l'un de ces privilégiés voyageant au sein d'une vaste bulle artificielle, d'avion en avion, de bureau en bureau, d'hôtel international en hôtel international.

B. Le paysan et le citadin

Jean de La Fontaine oppose le rat des champs et le rat des villes, le premier marié pour toujours avec sa terre, le second emporté dans une agitation permanente et dérisoire. Chacun chez soi, et le monde est en ordre !

– *Le paysan* est encore dans l'univers de la nature. Cette nature, si proche, cent fois refaite par l'homme, travaillée tous les jours, est en même temps mystérieuse, redoutable. Combien de sociétés traditionnelles, jusqu'à la Grèce archaïque, voient dans la terre une mère, un être vivant, source de toutes les fécondités, enfantant l'homme et le reprenant au moment de sa mort ! Pour le paysan, la nature, souvent coléreuse et ingrate, doit être à la fois respectée et domptée.

L'espace du paysan – qu'il s'agisse d'un domaine ou d'un village et de ses environs – est bien défini. Les lieux, les personnes, les rôles sont connus et fixés. Ce qui vient de l'extérieur – nouvelles, individus… – perturbe tout de suite ce monde presque parfaitement clos.

– *Le citadin*, lui, se meut dans un espace fabriqué par l'homme. Toute grande ville – de Babylone à Alexandrie, de Rome à Paris, de Londres à New York – rêve de contenir, de résumer le monde à elle toute seule. Pour un roi ou un empereur (d'Alexandre de Macédoine fondant à chaque étape de ses conquêtes une Alexandrie à Pierre Ier de Russie faisant surgir sa capitale, Saint-Pétersbourg, des marais), bâtir, façonner une cité, c'est accéder à l'immortalité, se faire l'égal des dieux, créer une nouvelle fois le monde.

Dans la ville, l'artifice recouvre, masque la nature. Les rythmes ne sont plus dictés par le soleil et les saisons, mais par le temps mécanique des horloges. De même, l'espace est quadrillé d'avenues, ponctué de monuments, cerné de murailles (ainsi les fortifications de Paris détruites au lendemain de la Première Guerre mondiale).

Les villes, pièges à illusions, laissent un goût d'amertume. Elles promettent la fête, la richesse et la célébrité, mais bientôt les poudroiements dorés se dissipent, il ne reste que des rues froides et vides.

– Cette opposition ville-campagne est essentielle dans l'imaginaire humain. La campagne est « naturelle », innocente et honnête ; la ville est « artificielle », corrompue et corruptrice. Dans la débâcle de 1940, Pétain fustige les jouissances parisiennes et invoque la terre qui, elle, ne ment pas et régénérera la France. Au Cambodge, en 1975, les Khmers rouges vident les villes et poussent des masses hébétées de citadins vers des rizières purificatrices.

Villes et campagnes se défont. Les premières, perdant tout centre et toute limite, se changent en mégalopoles informes. Les campagnes se désertifient par endroits, se font zones résidentielles ailleurs. Mais, comme déjà à l'époque de Rousseau, ces évolutions semblent exalter la nostalgie d'une nature paradisiaque, qui donnerait tout en n'exigeant rien.

C. Le producteur et le marchand

– Pour *le producteur*, la richesse se voit, se touche : blé, minerais, machines, biens de consommation… Selon les physiocrates du XVIIIe siècle, la seule vraie richesse est la terre, source de ce qui nourrit, habille, chauffe l'homme. Marx et le marxisme reprennent cette vision, identifiant le capitalisme, la modernité aux usines, là où l'on fabrique. Le prolétariat libérera l'humanité, parce qu'il forme la classe des hommes qui travaillent la matière.

Ce lien entre production matérielle, force et contrôle de l'espace constitue l'une des clés de la période 1850-1950. La force d'un État réside d'abord dans la possession de matières premières (charbon, fer, puis pétrole…). Les États continents (États-Unis, Union soviétique…) disposent d'un atout unique : concentrer, sur leur propre sol, toutes les ressources (ou presque) nécessaires à leur survie. Quant aux puissances qui n'ont pas cet atout, il leur faut un empire (empires coloniaux de l'Angleterre et de la France ; « espace vital » de l'Allemagne hitlérienne ; « sphère de coprospérité » du Japon).

– Pour *le marchand*, l'espace se définit non par des richesses données mais par ses potentialités d'échange. La richesse naît de la circulation. Ce qui importe alors, ce sont les voies de communication, les réseaux, les comptoirs, les entrepôts, les marchés, ainsi que les obstacles aux mouvements de ces flux de marchandises, d'argent, de personnes.

Dans la logique marchande de l'Europe de la fin du Moyen Âge et de la Renaissance, il s'agit de s'emparer et de tenir les meilleures routes – soit les plus sûres et les moins coûteuses – vers l'Eldorado, c'est-à-dire l'Extrême-Orient (Cathay – la Chine – et Cipangu – le Japon). Dans ce but, il faut se libérer du chemin terrestre traditionnel (routes de la soie, à travers l'Asie centrale) et découvrir d'autres voies, celles-là maritimes (contournement de l'Afrique, traversée de l'Atlantique).

– Tant le capitalisme industriel que le marxisme opposent le producteur et le marchand, le premier créant la richesse, le second ne faisant qu'acheter et vendre, donc spéculer. Autant l'usine paraît porteuse d'un monde neuf, rationnel et efficace, autant la boutique ne serait qu'un intermédiaire superflu, confisquant injustement la valeur-travail. L'antisémitisme se repaît de l'image du Juif parasitant, étouffant, par son commerce, la vie économique.

Ressources et flux ne peuvent plus être séparés. L'empire soviétique, fondé sur l'autosuffisance, s'est effondré en 1991, à la fois parce qu'il s'était isolé des courants mondiaux (en particulier révolutions techniques de l'électronique et de l'informatique) et parce qu'il était bousculé par eux (informations s'infiltrant dans l'espace soviétique par les cassettes et les antennes paraboliques). Comme le découvrent douloureusement les plus grandes entreprises du monde (General Motors, IBM...), il ne suffit pas de produire, il faut aussi vendre... L'intermédiaire, celui qui fait se rencontrer l'offre et la demande, émerge comme pivot d'un système économique mondial qui ne semble trouver son équilibre que dans une circulation sans cesse plus rapide des biens, des services, des idées, des images.

D. Le terrien, le marin, l'homme de l'air

La terre – par opposition à la mer – est le cadre « naturel » de l'homme. Les repères qu'elle fournit – montagnes, vallées, plaines, fleuves... – ne se modifient qu'exceptionnellement à l'échelle du temps humain. La terre peut être marquée, délimitée, partagée. Les mers et les océans, qui couvrent plus des deux tiers de la surface de notre planète, constituent un milieu dans lequel l'homme ne peut s'enraciner.

– *Le terrien* obéit à une logique d'appropriation. Ainsi, selon la philosophie libérale, le propriétaire est maître absolu de son domaine, dont il peut user et abuser. Les monarques puis les États-nations se comportent, eux aussi, en propriétaires, consolidant, étendant, unifiant, fixant leur territoire.

– *Le marin* sait que la mer échappe à toute appropriation. Le marin peut utiliser la mer ou même tenter de la contrôler, en prenant alors appui sur ce que lui offre la terre (baies, rades, détroits, îles). l'Angleterre, qui est la puissance maritime par excellence, du XVIIe siècle à la Seconde Guerre mondiale, devient la reine des océans en veillant notamment à tenir quelques points clés (la Manche, Gibraltar, Suez, Aden, le détroit d'Ormuz, Singapour, Hong Kong...).

La terre se prête au partage ; la mer non, du fait de sa nature d'élément liquide, de son immensité. D'où, au moins depuis le XVIIe siècle, un conflit permanent entre deux visions de la mer.

L'une regarde la mer comme un espace de liberté, de libre circulation, rebelle à toute appropriation. l'Angleterre impériale défend cette conception, certes par idéologie, mais surtout parce que sa suprématie implique cette liberté dont elle se pose comme la gardienne exclusive (le Royaume-Uni étant attentif à disposer d'un potentiel naval supérieur à celui de ses rivaux immédiats). De ce point de vue, les États-Unis, au lendemain de la Seconde Guerre mondiale, sont le successeur de l'Angleterre.

L'autre vision applique à la mer la logique de l'appropriation territoriale. C'est au fond l'attitude spontanée de tout État-nation. D'où, notamment depuis la Seconde Guerre mondiale, les océans n'étant plus seulement voies de passage mais devenant aussi zones d'exploitation (hydrocarbures, minéraux...), des concepts ou des mécanismes étendant à la mer cette logique de propriété, de souveraineté : mer territoriale, donc assimilée au territoire terrestre, d'une largeur de douze milles ; plateau continental considéré comme le prolongement sous-marin du territoire terrestre ; zone économique exclusive, réservant à l'État riverain les ressources sous-marines jusqu'à 200 milles des côtes. En dépit de cette frénésie d'appropriation, 60 % de l'océan mondial continue d'être libre.

Le terrien et le marin n'ont pas la même conscience de l'espace. Le premier (non sans illusions) se proclame maître de la terre ; le second n'oublie jamais que la mer efface le sillage du bateau à peine celui-ci passé.

– Au XXe siècle, *la conquête de l'air puis de l'espace extra-atmosphérique* éveille chez l'homme de nouvelles perceptions de l'espace. Les villes ne sont plus que des alignements de cubes, les champs des tapis de rectangles. Les obstacles naturels se trouvent diminués, les distances formidablement raccourcies.

Avec les vols habités et les photographies de satellites, l'homme, pour la première fois, voit, de l'extérieur, la terre. La rotondité de notre planète, sa solitude dans le cosmos ne sont plus seulement saisies intellectuellement. L'homme découvre qu'à partir d'une certaine distance tout ce qui fait sa vie – maisons, villes, routes... – se perd dans un flou de couleurs.

Les modes de vie contribuent à façonner des consciences de l'espace. Ces consciences se mêlent, interagissent les unes sur les autres, l'homme se retrouvant tiraillé entre la nostalgie de l'enracinement, de l'appartenance à un espace précis et stable, et la force des flux de toutes sortes le contraignant à sans cesse changer, bouger, s'adapter.

II. LA CONNAISSANCE DE L'ESPACE

La conscience géographique de l'homme est également façonnée par les instruments, les savoirs à l'aide desquels il déchiffre l'espace. Les caravaniers, qui, depuis des siècles, parcourent les déserts, ne savent ni lire ni écrire ; ils n'utilisent aucune carte. Comment se dirigent-ils avec autant de sûreté ? Leur savoir résulte d'une longue et patiente initiation, transmise de génération en génération ; ces hommes apprennent le désert, retiennent ses moindres repères, avec une intelligence et une mémoire qu'a probablement perdues (ou enfouies au plus profond de lui-même) l'homme moderne, formé par et pour un univers entièrement codé, aux signalisations multiples.

La connaissance de l'espace n'est pas un processus en soi. Au contraire, elle est indissociable des évolutions économiques, culturelles, politiques.

A. La connaissance de la Terre

1. Jusqu'aux Grandes Découvertes, autour du XVIe siècle, seuls des fragments de la Terre sont « connus » ou plus exactement représentés, cartographiés.

L'une des cartes les plus remarquables, les plus utilisées de l'Antiquité est celle d'Ératosthène (275-194 av. J.-C.). Ce bibliothécaire d'Alexandrie établit la première mesure de la circonférence terrestre avec une très grande précision. La carte d'Ératosthène, réalisée vers 220 av. J.-C., représente parfaitement le bassin méditerranéen (mer Intérieure), la mer Noire (Pont-Euxin), la Corne de l'Afrique, la péninsule Arabique et le golfe Persique – soit alors le monde connu d'un homme de haute culture. Aux frontières de cet espace, les contours (qu'il s'agisse de l'Angleterre – Albion –, de l'Atlantique Nord – mer Boréale –, de l'Atlantique Sud – océan Éthiopien –, de l'Inde…) se font beaucoup plus hasardeux. Ératosthène fait sa carte avec ce qu'il a rassemblé : informations rapportées par les marins et les voyageurs, observations astronomiques. Quelques siècles plus tard, Claude Ptolémée (90-168), astronome et géographe d'Alexandrie, établit une carte fort semblable et faisant autorité jusqu'au XVIe siècle.

2. En un siècle, le XVIe, l'homme – c'est-à-dire l'Européen cultivé – accède à une représentation de la totalité de la Terre, de la localisation et des proportions des continents. Ce formidable élargissement de l'horizon humain est le fruit d'une multitude de changements, de travaux. C'est, à partir du XIIIe siècle, l'emploi généralisé de la boussole. Des dynasties de cartographes, à Gênes, Venise, Florence, Barcelone, ne cessent d'intégrer les découvertes réalisées, qui, alors, ne dépassent guère les rivages. Enfin, ce sont les grands voyages : Colomb allant vers l'Ouest inconnu (1492-1498) ; Vasco de Gama contournant l'Afrique et atteignant l'Inde (1497-1499) ; Magellan et Elcano faisant le premier tour du monde (1519-1522).

En 1507, soit quinze ans après le premier débarquement de Colomb dans les Caraïbes, le géographe allemand Martin Waldseemüller publie une carte du monde mentionnant, vers l'ouest, une terre distincte de l'Asie et dénommée America (du nom du navigateur florentin Amerigo Vespucci). En 1569, le Flamand Gerhard Mercator représente le monde connu, selon son système de projection (écart entre les parallèles de plus en plus large avec les latitudes croissantes). En 1570 paraît le premier grand atlas universel (*Theatrum orbis terrarum*, du Flamand Ortelius).

La connaissance de la Terre devient un enjeu politique majeur – ainsi, à la fin du XVIIIe siècle, les expéditions scientifiques soutenues par les rois, et dans lesquelles rivalisent la France et l'Angleterre (voyages du Britannique Cook, entre 1768 et 1779, ou du Français La Pérouse, entre 1785 et 1788, à travers l'océan Pacifique encore largement inexploré).

Au-delà des explorations, la Terre se transforme en un espace, peu à peu unifié par les liaisons maritimes et terrestres, et s'offrant aux convoitises, aux partages impériaux. Le premier partage du monde (ou, plus précisément, des terres occidentales) est fait, dès 1493-1494, entre le Portugal et l'Espagne, par le pape Alexandre VI, puis par le traité de Tordesillas.

B. La géographie comme science instituée

À chaque époque, à chaque civilisation, sa géographie, sa vision et sa représentation de l'espace. L'Antiquité, puis le monde arabo-musulman à son âge d'or (VIIe-XIIIe siècle), eurent de grands géographes, mais leurs œuvres, en raison même de leur caractère fondateur, dépassent le strict champ de la géographie (dans le sens moderne du terme). Ainsi, le Grec Hérodote (484-425 environ av. J.-C.), en général qualifié de « père de l'histoire », est également celui de la géographie !

La géographie, comme discipline structurée, organisée, enseignée, prend progressivement forme, du XVIe au XVIIIe siècle. L'émergence du discours géographique s'opère, ici aussi, par une combinaison de phénomènes parfois minuscules :

voyages d'études ; échanges entre disciplines ; accumulations d'informations de toutes sortes ; séparation, individualisation des sciences de la nature (géologie, botanique, agronomie…).

Si le XVIIIe siècle est encore l'époque des amateurs éclairés, omnicompétents, s'intéressant avec talent ou génie à toutes les questions – tels Montesquieu, Voltaire, Rousseau, Kant… faisant, chacun à leur manière, de la géographie –, le XIXe siècle, lui, classe, institutionnalise, réalise, par discipline, des synthèses monumentales. C'est le temps des professeurs et des sociétés savantes.

Des sociétés de géographie naissent à Paris (1821), à Berlin (1828), à Londres (1830), en Russie (1845), à New York (1852). Des ouvrages paraissent : *Abrégé de géographie universelle*, du Russe Arsenyev, en 1818 ; *Précis de géographie universelle* (1810-1829), de Conrad Malte-Brun, Danois d'origine, Français d'adoption… La géographie commence d'être enseignée dans les universités. À la fin du XIXe siècle, les sociétés, qui se sont multipliées, organisent des missions, publient, encouragent recherches et vulgarisations. Des revues sont créées : *Annales de géographie* à Paris, en 1891 ; *Geographical Journal* à Londres, en 1893. Enfin, couronnement de ces évolutions, la géographie s'internationalise : premier Congrès de géographie à Anvers en 1871 ; Bibliographie géographique internationale en 1892 ; fondation de l'Union géographique internationale en 1922.

Cet épanouissement de la géographie est profondément marqué par les courants, le climat de la période.

– *La géographie et les autres « sciences humaines »*. Pour le XIXe siècle positiviste, l'homme peut et doit être, lui aussi, expliqué par la science. Avec Marx (*Manifeste du Parti communiste*, 1848) et Darwin (*De l'origine des espèces au moyen de la sélection naturelle*, 1859), l'homme, de créature de Dieu, n'est plus que le produit de forces matérielles, des luttes de classes ou de la sélection naturelle. La géographie, qui se constitue à ce moment-là en discipline, exprime, elle aussi, plus ou moins consciemment, cette vision du monde, fondée sur un combat permanent entre espèces, groupes sociaux, peuples, individus. De même, tout comme la démographie, l'économie, la sociologie, la psychologie, la géographie cherche à dégager des déterminismes, des lois, mettant en lumière les liens entre l'homme et l'espace dans lequel il vit.

– *La géographie et la société.* La géographie s'impose comme l'un des savoirs dont l'honnête homme – alors, le bourgeois – doit avoir des notions. Les sociétés de géographie constituent la manifestation savante de la diffusion des connaissances géographiques. Tout au long du XIXe siècle, d'abord pour les gens aisés, mais aussi pour tous, l'horizon géographique s'élargit. Le premier grand atlas moderne du monde date de 1817 (atlas *Stieler* de la firme Justus-Perthes de Gotha). Grâce aux chemins de fer et aux bateaux à vapeur, il est possible d'aller de plus en plus loin. Les guides touristiques apparaissent, répondant aux besoins de voyageurs « moyens » soucieux de parcourir les coins les plus éloignés avec des repères indiqués à l'avance. Le premier volume de la célèbre collection allemande « Baedeker » est publié en 1839 ; le premier guide et les cartes routières Michelin paraissent à partir de 1901.

La conscience géohistorique des individus, d'abord en Europe, s'ouvre, se transforme à travers tous ces instruments d'accès aux pays lointains que sont les livres, les journaux, les feuilletons, les bandes dessinées, les photographies, les films. Ce qui était inconnu devient exotique, puis ce qui était exotique le devient moins. Que d'enfants apprennent à connaître le monde en lisant les albums de Tintin !

– *La géographie et la nation.* Au XIXᵉ siècle, alors que s'affirment, en Europe, les nationalismes, et que se développe l'école pour tous, la géographie – avec la littérature et l'histoire – représente l'un des ingrédients majeurs de la conscience nationale. Être d'une nation, c'est être formé par sa langue, sa culture, son passé et sa réalité spatiale. D'où, dans les salles de classe, l'importance des cartes, montrant la patrie, son territoire, ses frontières et éventuellement ses possessions coloniales. Ainsi, au début du XXᵉ siècle, chaque petit Anglais se sent un peu, à travers l'Empire britannique, le maître de la Terre. À la veille de la Première Guerre mondiale, l'écolier français voit, chaque jour, la France, amputée de l'Alsace-Lorraine (un tissu noir recouvrant les deux provinces), mais plantant son drapeau en Algérie, en Indochine, en Afrique noire. Michelet trace, dans sa monumentale *Histoire de France* (1833-1867), un vaste « Tableau géographique de la France » ; de même l'*Histoire de France* d'Ernest Lavisse, véritable manuel républicain, confie au géographe Paul Vidal de La Blache le tome I, consacré au « Tableau de la géographie en France » (1903).

Les géographes participent à la construction de la conscience nationale, en forgeant des représentations de l'espace, ainsi que des rapports entre l'homme et cet espace. D'où, en Allemagne, la position charnière de géographes – Karl Ritter (1779-1859) et surtout Friedrich Ratzel (1844-1904) –, à la fois innovateurs dans leur discipline et aussi créateurs de théories nationales. « Un peuple doit vivre sur le sol qu'il a reçu du sort, il doit y mourir, en subir la loi. » Avec une telle phrase, Ratzel est-il encore géographe ? N'est-il pas plutôt métaphysicien de la géographie, érigeant l'implantation d'un peuple sur un territoire en un lien nécessaire, absolu, anhistorique, éternel, alors que l'identité, la localisation des peuples résultent en définitive du chaos des circonstances (migrations, invasions, défaites, victoires…) ?

DÉFINITIONS

Jules Michelet (1798-1874), *Histoire de France*, livre III, *Tableau de la France*, 1833-1867

« L'histoire est d'abord toute géographie. Nous ne pouvons raconter l'époque féodale ou *provinciale* (ce dernier nom la désigne tout aussi bien), sans avoir caractérisé chacune des provinces. Mais il ne suffit pas de tracer la forme géographique de ces diverses contrées, c'est surtout par leurs fruits qu'elles s'expliquent, je veux dire par les hommes et les événements que doit offrir leur histoire. »

Paul Vidal de La Blache (1845-1918) en 1913

« La géographie a pour mission spéciale de rechercher comment les lois physiques et biologiques qui régissent le monde se combinent et se modifient en s'appliquant aux diverses parties de la surface du globe [...]. L'être géographique d'une contrée n'est point une chose donnée d'avance par la nature [...]. Elle est le produit de l'activité de l'homme, conférant l'unité à des matériaux, qui, par eux-mêmes, ne l'ont point. »

Friedrich Ratzel (1844-1904), *Politische Geographie*, 1897

« La biogéographie conçoit l'État comme forme d'extension de la vie à la surface de la terre. L'État subit les mêmes influences que toute vie. Les bases d'extension des hommes sur la terre déterminent l'extension de leurs États. On n'a guère vu la création d'États dans les régions polaires ou dans les déserts, ils restent de petite taille dans les régions tropicales, les forêts vierges et les hautes montagnes. Les États se sont progressivement étendus sur la terre avec les espèces humaines, ils ont grandi en nombre et en taille avec la population. Les changements incessants des États témoignent de leur vie. Les frontières ne sont pas à concevoir autrement que comme l'expression d'un mouvement organique et inorganique ; les formations étatiques élémentaires ont évidemment la structure du tissu cellulaire [...]. Partout, on reconnaît la *ressemblance* des formes de vie qui surgissent en liaison avec le sol [...]. L'État est un organisme non seulement parce qu'il articule la vie du peuple sur l'immobilité du sol, mais parce que ce lien se renforce par réciprocité au point qu'ils ne forment plus qu'un et que l'on ne peut plus les penser l'un sans l'autre [...]. Dans l'ordre animal ou végétal, l'organisme le plus parfait est celui dont les parties sacrifient leur indépendance au service du tout. De ce point de vue, l'État reste un organisme extrêmement imparfait [...]. Plus un État est développé, plus il tend à s'affranchir de son fondement organique. Aussi la comparaison de l'État avec un organisme est-elle d'autant plus juste qu'il s'agit d'un État primitif ; elle l'est moins s'il s'agit d'un État développé. »

Rudolf Kjellen, créateur du néologisme « géopolitique » (1846-1922), *Staten som Lifsform* [L'État comme forme de vie], 1916

« C'est [la géopolitique] la science de l'État en tant qu'organisme géographique, tel qu'il se manifeste dans l'espace. L'État en tant que pays, en tant que territoire ou de manière plus significative en tant qu'empire. Cette science politique a pour objet constant l'État unifié, elle veut contribuer à l'étude de sa nature profonde, alors que la géographie politique observe la planète en tant qu'habitat des communautés humaines en général... »

Karl Haushofer (1869-1946), texte destiné à la radio, 1931

« ... en tant que base pour toute politique scientifique et tout réaménagement de l'espace à la surface de la terre, précisément pour un peuple de riche culture, durement atteint et effondré, situé au cœur d'un continent surpeuplé et en recul quant à son importance dans le monde, la géopolitique était peut-être un des rares moyens pour mener ensemble à des vues communes dans un même espace vital des milliers d'hommes, du moins dans des questions fondamentales d'importance vitale pour tous.

En tout état de cause, une connaissance réelle et scientifique de la géopolitique doit nécessairement échapper à toute considération partisane et doit être également vraie pour l'extrême gauche comme pour l'extrême droite, si bien que chacun doit mieux assurer la direction politique d'un État s'il possède une expérience et une connaissance géopolitiques, quels que soient l'idéologie ou le parti dont il vienne.

[...]

C'est pourquoi il est aussi caractéristique que nous trouvions quelques-uns des meilleurs travaux de géopolitique de notre temps aussi bien chez les durs représentants du capitalisme mondial dans les pays anglo-saxons que chez leurs adversaires à Moscou, par exemple dans l'excellent atlas sur l'impérialisme de Radö, et aussi chez les puissances centrales de jadis. Un travail de géopolitique doit, de par son essence, être entièrement indépendant de l'endroit de la surface du globe où se trouve par hasard son auteur, de la situation et du parti de ce dernier. »

Raymond Aron (1905-1983), ***Paix et Guerre entre les nations*****, 1962**

« Qu'est-ce que le géopoliticien retient de la réalité concrète dans le schématisme de la scène et des acteurs diplomatico-stratégiques ? La conduite de politique étrangère apparaît au géopoliticien *instrumentale*, usage de moyens en vue de fins. Les ressources – hommes, outils, armes – sont mobilisées par les États en vue de la sécurité ou de l'expansion. Or les lignes d'expansion comme les menaces de sécurité sont dessinées à l'avance sur la carte du globe, si, du moins, le géographe sait fixer son regard sur les données naturelles dont dépendent prospérité et puissance des nations. La géopolitique combine *une schématisation géographique des relations diplomatico-stratégiques avec une analyse géographico-économique des ressources, avec une interprétation des attitudes diplomatiques en fonction du mode de vie et du milieu (sédentaires, nomades, terriens, marins).* »

Colin S. Gray, The Geopolitics of the Nuclear Era, 1977

« La géopolitique doit être différenciée de la *Geopolitik*. La première relève de la science politique, c'est-à-dire de l'exploration des structures de la politique sans nécessairement prescrire une action politique particulière. La seconde, la *Geopolitik*, au contraire, recouvre ce vaste ensemble d'écrits géopolitiques et cette cartographie magique (tendancieuse) qui s'épanouirent en Allemagne du début des années vingt à l'effondrement du IIIe Reich. Elle s'inspirait des recherches et des idées des géopolitologues les plus respectés vivant hors d'Allemagne, mais son objectif était la propagande. Bien que la géopolitique ne réussisse pas à se libérer des excès de Haushofer et de ses confrères, il n'en demeure pas moins que, partout dans le monde, on ne peut concevoir de politique étrangère et de politique de défense qui ne s'inscrive dans le cadre de la géopolitique. Il se peut que la géopolitique soit passée de mode, mais les interprétations politiques d'une réalité géographique globale, commune, jouent un rôle majeur, parfois insaisissable, dans la manière dont nous définissons les problèmes. »

III. LES STRUCTURES SOCIOPOLITIQUES

La conscience géopolitique, ou plus largement de l'espace comme champ d'exercice de la puissance, se façonne d'abord dans les cercles du pouvoir.

A. De l'Antiquité à l'émergence de l'État moderne

En l'an 2 av. J.-C., le Romain Octave, devenu l'empereur Auguste, présente à son peuple une carte du monde. Pour la première fois, les Anciens tentent de représenter la totalité du monde, ou plus exactement de ce qu'ils connaissent. Cette carte résulte d'un énorme travail de relevé et d'une tradition romaine d'exposition dans les temples des cartes des victoires. Pour Rome, le monde, c'est alors le bassin méditerranéen, même s'il existe des relations régulières avec des univers plus ou moins distants : Perse, Inde, Chine (notamment commerce de la soie).

Après les invasions barbares et la chute de l'Empire romain, entraînant avec elles la disparition de masses de connaissances, l'Europe du Moyen Âge est à la fois trop prisonnière d'elle-même et trop morcelée par la féodalité pour avoir des visions amples de l'espace. Chaque prince, pris dans les réseaux enchevêtrés de suzeraineté et de vassalité, se bat pied à pied pour étendre et garder son domaine. Ainsi les rois capétiens commencent de faire la France autour de l'Île-de-France.

L'Europe, lorsqu'elle rêve, regarde toujours vers la Méditerranée ; l'islam, qui a déferlé sur le Moyen-Orient et le Nord de l'Afrique, représente alors la richesse, le commerce, la civilisation, et aussi la première menace pour la chrétienté.

Pour l'Europe emportée par la foi, se couvrant d'églises, il n'existe qu'un centre, qu'une capitale, la ville où la terre communique avec le ciel : Jérusalem, prise puis perdue par les croisés.

Pour que la vision de l'espace se bouleverse, que le regard de l'Europe se tourne de la Méditerranée vers l'Atlantique, il faut une convergence d'évolutions : la quête de routes vers l'Inde et la Chine, contournant l'obstacle de l'islam, installé au carrefour de l'Europe, de l'Afrique et de l'Asie ; le perfectionnement de la navigation maritime (par exemple, dans la seconde moitié du XVe siècle, la navigation astronomique, les marins faisant le point en fonction de la hauteur des astres sur l'horizon et pouvant ainsi se déplacer pendant des mois en haute mer).

Cette époque, où le Moyen Âge bascule vers la Renaissance, est dominée par des princes, entre deux époques. Ainsi, Henri le Navigateur (1394-1460), prince portugais, est encore un chevalier imprégné des rêves du Moyen Âge. Mais, en bâtissant un arsenal, un observatoire et une école nautique, en rassemblant des marins, en organisant des expéditions qui progressent pas à pas le long des côtes occidentales de l'Afrique, Henri le Navigateur prépare le formidable élargissement de la conscience géographique des princes.

Charles Quint (1500-1558), roi d'Espagne et empereur germanique, est le premier souverain à pouvoir dire que le soleil ne se couche jamais sur son empire. Mais quelle est sa conscience du monde ? La mission de Charles Quint est d'instaurer une monarchie chrétienne universelle, dont il serait le gardien, représentant de Dieu sur terre (non sans conflits avec le pape). En même temps, pour Charles Quint, menacé par l'expansionnisme ottoman, en guerre quasi permanente avec ses rivaux européens – et d'abord avec le roi de France –, que sont les terres occidentales, riches de minerais, mais habitées par des sauvages, qui n'ont peut-être pas d'âme, et qu'il faut convertir à la vraie religion ?

Le merveilleux brouille sans cesse la réalité : les Européens, nouveaux venus en Amérique, pensent y découvrir le paradis terrestre, le royaume des Amazones, ou plus prosaïquement l'Eldorado.

Au XVIIIe siècle, la guerre de Sept Ans (1756-1763) peut être analysée comme l'un des premiers conflits planétaires, se déroulant sur plusieurs théâtres (Europe, Canada, Indes), et mettant face à face les ambitions mondiales de l'Angleterre et de la France. L'Angleterre, qui n'est certes pas la première puissance à disposer d'un empire réparti sur plusieurs continents, est sans doute la première à raisonner à l'échelle de la planète tout entière. Le but de l'Angleterre est nouveau : elle vise moins à se doter de l'empire *terrestre* le plus étendu possible (objectif traditionnel de tous les conquérants) qu'à avoir le contrôle incontesté de l'élément réellement mondial : l'océan, voie de circulation et de liaison entre les terres (d'où l'acharnement de Londres à tenir les points de passage : de Gibraltar au Cap, de Suez à Singapour). La France de Louis XV, tiraillée entre ses engagements européens et ses positions coloniales, n'a ni la clarté de ligne ni la capacité de concentrer ses moyens qu'a l'Angleterre. En 1763, par le traité de Paris, la France perd l'essentiel de son premier empire colonial (Canada, possessions à l'est du Mississippi, Louisiane…). La guerre d'Indépendance des États-Unis (1776-1783) fournit à la France l'occasion d'une revanche, mais le véritable vainqueur n'est-il pas la toute jeune République nord-américaine ?

Cette lutte planétaire se poursuit sous la Révolution et Napoléon Ier, jusqu'en 1815. La France et son projet d'empire continental ont perdu face à l'Angleterre, maîtresse des mers.

B. L'État moderne, lieu de cristallisation de la conscience géopolitique

Pour que l'espace terrestre, dans sa totalité, soit identifié par les hommes comme un champ unique d'affrontement des puissances, il faut notamment que s'impose l'État moderne, fait, du point de vue géographique, de trois facteurs complémentaires, se constituant en interaction les uns avec les autres.

1. Le tracé de frontières-lignes séparant des souverainetés

> Une frontière politique est à la fois l'enveloppe externe d'un État et la ligne de contact avec les États contigus. C'est une limite à fonction interne et une limite à fonction externe. Les frontières modernes se constituent avec la mise en place des appareils d'État et leur capacité à exercer leur souveraineté sur un territoire donné et sur les populations de ce territoire. L'enveloppe est la limite de l'exercice de cette souveraineté et de ses attributs, qui sont la monnaie, la conscription militaire et éventuellement la langue. Elle a une fonction symbolique de repérage. Historiquement, elle se constitue soit par imposition par des puissances extérieures, soit par un processus d'opposition aux États voisins [...] ; en dépit des différences idéologiques, politiques, linguistiques, religieuses, la frontière d'État, linéaire, apparaît comme la seule norme à caractère universel (Michel Foucher, *Fronts et Frontières*, Paris, Fayard, 1988).

La notion de frontière, dans son sens contemporain – ligne séparant des souverainetés –, est un produit de l'histoire européenne, peu à peu précisé tout au long des temps modernes, du Moyen Âge au XIXe siècle, avec la formation d'États bureaucratiques, souverains. Avec la colonisation, l'Europe exporte vers le reste du monde sa conception d'un partage précis des territoires.

Pendant des millénaires, l'espace terrestre se caractérise par la coexistence de territoires organisés, plus ou moins délimités, et de zones floues, aux maîtres incertains. Peu à peu, avec l'expansion de l'Europe, cet espace se couvre des frontières tracées en fonction des circonstances : lignes de partage entre empires (entre Espagne et Portugal en Amérique du Sud, entre Russie et Chine en Sibérie, entre puissances coloniales en Afrique...) ; au sein même des empires, subdivisions administratives, se transformant, lors des indépendances, en frontières étatiques ; fragmentations dues à des haines excluant la cohabitation sous un même toit étatique (en 1947, partition de l'empire des Indes entre l'Inde et le Pakistan) ; conclusions de guerre (en 1919-1920, révision radicale des frontières et de la configuration étatique de l'Europe, à la suite de la Première Guerre mondiale)...

Les frontières contribuent à ce que chaque État se perçoive comme un tout, distinct des autres États, et souverain chez lui.

2. L'homogénéisation des territoires étatiques

La souveraineté étatique implique :

- l'absence de toute subordination de l'État à une autorité qui lui soit supérieure ;
- le contrôle exclusif de l'État sur son territoire et la population l'habitant.

Pour que l'État se perçoive et soit perçu par les tiers comme une totalité, il lui est indispensable d'homogénéiser, d'unifier son espace.

D'où, dans l'édification des États-nations en Europe, la

lutte pluriséculaire de l'État central pour dissoudre, éliminer tous les particularismes – religieux, régionaux, linguistiques... Si, de ce point de vue, la France est considérée comme exemplaire, c'est parce que la monarchie puis, encore plus systématiquement, la République ont détruit tout ce qui était ressenti comme un danger pour l'unité du pays, de la répression du protestantisme aux XVIe-XVIIe siècles à l'interdiction des langues locales. Tous les autres États modernes sont poussés par cette logique unificatrice ; mais chacun la met en œuvre selon sa situation et ses ressources propres, nombre de particularismes refusant d'être effacés et obtenant du pouvoir central des aménagements, des compromis.

De plus, à partir de la fin du XVIIIe siècle (Révolution française), le territoire étatique devient ou doit devenir le cadre d'expression de la nation. À l'époque du triomphe des princes, les régions, les provinces ne représentent au fond que des morceaux de domaine, gagnés ou perdus au gré des victoires ou des défaites. Avec l'idée de nation, le territoire se trouve sacralisé ; il n'appartient plus au monarque, mais au peuple.

3. La mystique de l'espace

Au XIXe siècle, se développe, en liaison avec la religion de la nation, une mystique de l'espace.

– Certains peuples rêvent d'un territoire parfait. Avec les guerres de la Révolution française, la France, sous l'impulsion de Danton, revendique des « frontières naturelles », c'est-à-dire un tracé de ses frontières étatiques suivant des obstacles naturels (annexion de tout l'espace à la gauche du Rhin). Ce mythe des frontières naturelles traduit le regret qu'a tout État continental de ne pas être une île, c'est-à-dire de ne pas bénéficier de limites territoriales incontestables et garantissant une protection en principe absolue.

L'Allemagne, au moins de 1848 jusqu'à la Seconde Guerre mondiale, souffre de la non-coïncidence entre les réalités étatiques allemandes et la distribution géographique des populations allemandes ; l'Allemagne voudrait, au cœur de l'Europe, un espace suffisant, regroupant tous les Allemands.

Cette obsession, qui, surtout avec Hitler, devient un dessein politique et militaire, contribue à embraser l'Europe des années 1933-1945.

Tout territoire étatique est imparfait, insatisfaisant, englobant souvent des populations se sentant étrangères à ce cadre, et, à l'inverse, ne comprenant pas d'autres populations qui, à leurs yeux, trouveraient leur juste place dans ce cadre (problèmes sans cesse renaissants des minorités et des irrédentismes). Mais l'imperfection du réel, loin d'être acceptée, exaspère les désirs d'une impossible « perfection » (dans les années 1990, « nettoyage ethnique » visant à créer, dans les ex-États multinationaux – Yougoslavie, Union soviétique –, des entités politiques ethniquement homogènes).

– Cette mystique de l'espace a besoin de territoires à conquérir, la frontière n'étant plus alors une limite fixée, immobile, mais un horizon à repousser. C'est, en Russie, l'expansion vers la Sibérie et l'Asie centrale. C'est, aux États-Unis, la conquête de l'Ouest. De même, surtout dans la seconde moitié du XIXe siècle, les rivalités coloniales, en Asie, en Afrique, sont nourries par cette course à l'appropriation des espaces. Ce rêve – ou ce délire –, érigeant un territoire en support parfait d'un peuple, trouve son apogée dans les plans d'empire autosuffisant des années 1930-1940 (colonisation à l'Est pour l'Allemagne hitlérienne ; sphère de coprospérité asiatique du Japon).

*

* *

En ces années 2000, la conscience géohistorique des hommes s'organise autour de trois éléments clés.

– *La finitude de la Terre.* Plusieurs phénomènes et problèmes contraignent les hommes à regarder notre planète comme une. Cela signifie que ces questions ne peuvent être résolues ou maîtrisées qu'à la condition que la totalité, ou au moins la grande majorité, de l'humanité parvienne à une vision commune ou même un accord. Il s'agit, par exemple, de désarmement (prolifération nucléaire, missiles), d'environnement (pollutions de l'atmosphère, des océans ; destruction des forêts tropicales ; trafics de déchets), de gestion économique et financière (régulation des mouvements de capitaux). Les déséquilibres entre les ressources de la planète et les consommations de l'homme constituent bien un enjeu global, aucune partie de la Terre ne pouvant désormais prétendre s'isoler durablement du reste. Ainsi se cristallise une conscience planétaire autour des débats sur ces défis : comment assurer un développement de toute la planète ? Quels équilibres entre développement et préservation des richesses naturelles ?

– *L'occupation et le partage de la Terre.* Le monde, en tant qu'espace géographique, est exploré, conquis, partagé, encombré. Au XIXe et dans la première moitié du XXe siècle, la mystique de l'espace s'exalte de territoires à explorer, à prendre, à disputer. Aujourd'hui, à l'exception de la haute mer, du pôle Sud et de l'espace extra-atmosphérique, tout est distribué entre des États souverains. Nombre de frontières sont toujours contestées. Mais les grandes constructions impériales, annexant des continents entiers, sont-elles encore possibles ? L'espace terrestre étant divisé entre près de deux cents États, la puissance s'identifie-t-elle encore au sol ? Ne se définit-elle pas plutôt par la manipulation, le contrôle des flux (de biens, d'argent, de personnes, d'images) ?

– *La perméabilité des frontières.* Au moment où la frontière linéaire est reconnue comme un concept universel, elle révèle toute sa perméabilité : mouvements d'argent, passages d'hommes en quête de travail et de revenu, transmission d'informations par les satellites… D'où, au-delà des frontières officielles, des frontières floues, mouvantes, différentes d'un domaine à l'autre. Que peut signifier la géopolitique, si elle reste la discipline des espaces fixes, bien délimités, cohérents et ayant une conscience claire d'eux-mêmes ?

2

Géopolitiques de la mer : Angleterre, États-Unis, Japon

Comment une discipline naît-elle ? Lorsqu'elle prend forme, toute discipline (et notamment la géopolitique) est d'abord l'enfant de son époque.

Le mot « géopolitique » est forgé, à l'extrême fin du XIXe siècle, par un professeur suédois d'histoire et de science politique, Rudolf Kjellen (1846-1922) : « La géopolitique est l'étude de l'État considéré comme un organisme géographique, ou encore comme un phénomène spatial, c'est-à-dire comme une terre, un territoire, un espace, ou, plus exactement encore, un pays. » La problématique géopolitique se constitue dans la seconde moitié du XIXe siècle.

Deux grandes démarches géopolitiques se dessinent alors, la première américaine et britannique – marquée par les relations entre la mer et la terre –, la seconde allemande – plus centrée sur les espaces continentaux. Lequel de ces deux courants a la primauté sur l'autre ? Ce genre de question suscite d'infinies controverses, et aucune réponse ne saurait prétendre être définitive. De plus, ces deux courants ne cessent d'interagir l'un sur l'autre.

La géopolitique s'organise autour d'une interrogation inavouée : qui détiendra la puissance décisive dans le monde futur ? De ce point de vue, l'amiral américain Alfred Thayer Mahan (1840-1914) est le premier à tenter une analyse systématique des relations entre la planète comme totalité et le jeu de la puissance (I). Un deuxième auteur clé, dans le sillage de Mahan, s'impose : le Britannique Halford J. Mackinder (1861-1947) (II). Un troisième auteur s'inscrit dans cette ligne : l'Américain, d'origine néerlandaise, Nicholas John Spykman (1893-1943) (III). Mais d'autres que l'Angleterre et les États-Unis se posent cette question de la puissance maritime : ainsi le Japon (IV).

*

* *

I. DE CLAUSEWITZ À MAHAN

L'objet de la géopolitique est bien la puissance, sa matérialisation et son exercice dans l'espace : quels doivent être les buts permanents d'une entité politique et d'abord d'un État ? Comment un peuple peut-il et doit-il acquérir les ressources nécessaires à ses besoins et, au-delà, à la vision qu'il a de lui-même ? Dans cette perspective, la guerre surgit toujours à l'horizon de la géopolitique ; la guerre est l'épreuve suprême par laquelle un État atteindra ses objectifs géopolitiques – disposer d'un territoire conforme à son ambition ; obtenir éventuellement, au-delà de ses propres frontières, des tracés frontaliers, une configuration d'États écartant toute menace ; acquérir un empire.

A. Clausewitz : la puissance et la guerre avant la géopolitique

1. Clausewitz, prophète de la puissance moderne

Le général et théoricien militaire prussien Karl von Clausewitz (1780-1831) est regardé comme le penseur moderne majeur de la guerre. Clausewitz bâtit sa réflexion en participant, dans les armées prussienne puis russe, aux guerres provoquées par la Révolution française puis par Napoléon. Clausewitz est frappé par le fossé existant entre les armées qui s'affrontent alors : d'un côté, celles de la République puis de l'Empire ; de l'autre, celles des rois et des princes. Les premières sont portées par l'énergie du patriotisme, les secondes restent composées de mercenaires. Et surtout Clausewitz est fasciné par celui qui est, pour lui, le dieu de la guerre : Napoléon. Celui-ci a tout ce qui manque aux généraux d'Ancien Régime : une vision d'ensemble de la guerre à mener ; un sens extrême de l'organisation ; une formidable capacité à distribuer et à concentrer ses forces ; l'audace le conduisant à chercher la bataille décisive ; enfin l'art de la manœuvre, surprenant ses adversaires, les poussant à l'erreur fatale.

Par son ouvrage *De la guerre* (1832-1837), rassemblant ses analyses sur ce sujet et publié après sa mort, Clausewitz émerge comme le prophète de la guerre moderne, c'est-à-dire un combat à mort, rassemblant des masses énormes d'hommes, exigeant d'eux le sacrifice total, consommant d'immenses ressources en armements, en matières premières, en techniques.

2. L'espace comme théâtre d'un tournoi

Ce qui frappe dans la démarche de Clausewitz, c'est le traitement de l'espace : c'est un échiquier, où se déroule un jeu quasi mathématique, la guerre, entre des entités, les armées. Que suggère cette représentation, du point de vue de la problématique de la géopolitique ?

– Certes Clausewitz s'interroge sur la guerre, son déroulement, les conditions de la victoire et de la défaite. La phrase qui contribue tant à la célébrité de Clausewitz (« La guerre est la continuation de la politique par d'autres moyens ») fait de ce théoricien celui qui a bien marqué la nature *politique* de la guerre : faire la guerre, ce n'est pas gagner des batailles, c'est poursuivre un objectif politique (préserver son indépendance, accroître son territoire, faire reconnaître sa suprématie). Cependant, Clausewitz, tout en ne cessant de rappeler ce principe de la subordination du militaire au politique, centre son investigation non sur les raisons et les buts de la guerre, mais sur ses méthodes et ses instruments.

– Pour Clausewitz, fidèle en cela à tous ceux qui, avant lui, du Chinois Sun Tsu à Machiavel, ont réfléchi sur la guerre, *celle-ci est un duel*. Ce qui importe, ce sont l'habileté, l'intelligence, le courage des duellistes, ou plutôt des armées belligérantes. Le terrain du combat, avec ses accidents (montagnes, fleuves…), peut représenter une contrainte, un handicap ou un avantage, mais ce n'est au fond que le champ d'un tournoi, un espace presque neutre pour l'affrontement des adversaires.

– Clausewitz, participant aux luttes contre Napoléon, découvre, observe *les guerres nationales*, opposant non des princes, mais des peuples. Pourtant, Clausewitz se révèle comme prisonnier du passé, ou peut-être de sa condition de militaire. Il ne s'interroge guère sur les bouleversements politiques que portent les combats des Espagnols, des Russes ou des Allemands contre les armées de Napoléon.

– Clausewitz, quelle que soit sa modernité, appartient à *l'âge préindustriel*. Les guerres napoléoniennes se font avec des fantassins et des cavaliers. Par sa volonté, son génie de l'organisation, Napoléon Ier se joue de l'espace et du temps, faisant avancer ses troupes à marche forcée, accomplissant en quelques jours ce qui pour d'autres exige des semaines ; mais Napoléon n'a que les moyens techniques de ses contemporains, l'homme et le cheval. Les premières guerres de l'âge industriel, notamment avec le chemin de fer, se déroulent dans la seconde moitié du XIXe siècle (guerre de Sécession, 1861-1865 ; guerre franco-prussienne de 1870-1871).

– Clausewitz a pour horizon *l'Europe* : celle-ci est le monde ; l'enjeu des guerres napoléoniennes est d'abord la suprématie sur le continent européen. Cependant, depuis la fin du XVe siècle, les conflits européens tendent à être planétaires ; il faut s'emparer des terres inconnues, contrôler les mers.

B. Mahan (1840-1914)

L'amiral américain Mahan est considéré comme le Clausewitz de la mer, ayant pensé systématiquement la stratégie navale, tout comme le théoricien prussien la stratégie terrestre.

Pourquoi, à la différence de Clausewitz, Mahan pense-t-il l'espace ?

1. *Mahan est un marin.* Mahan part de la spécificité de l'élément marin, de sa différence avec l'élément terrestre : « La mer présente l'aspect d'une grande route publique ou, mieux peut-être, d'une immense étendue de terrain banal, sur laquelle les voies se croisent dans tous les sens. Quelques-unes de ces voies bien tracées montrent, en outre, que le passage se fait dans certaines directions, choisies de préférence aux autres. Ces directions portent le nom de routes commerciales… » De ce point de départ, Mahan déduit que le premier impératif de toute puissance navale est la détention de points d'appui, de positions (ports, bases…), à partir desquels la flotte peut circuler sur les océans (« La puissance maritime, c'est certain, entraîne la possession de points stratégiques, mais ce qui la constitue, en premier lieu, c'est la marine qui flotte »). Cet enjeu des positions exige du stratège naval une vision à la fois large et précise de l'espace (par exemple, îles situées sur des routes essentielles, détroits assurant le passage d'une mer à une autre…). Ce positionnement, ce contrôle de sites clés doivent être faits dès le temps de paix et requièrent un entretien permanent. Dans cette perspective, le stratège naval est très proche du géopoliticien, évaluant les espaces, leur importance politique, militaire, économique…

2. *Mahan est un Américain.* Son expérience de la guerre, il la vit avec la guerre de Sécession (1861-1865). Ce conflit annonce ceux du futur : rôle déterminant des capacités industrielles du Nord face aux talents manœuvriers des généraux du Sud ; utilisation de l'espace et du chemin de fer pour étouffer le Sud ; blocus des côtes du Sud, dépourvu de toute marine. Mahan met en lumière cette mutation que représente l'ère industrielle, notamment pour les bateaux abandonnant la voile pour le charbon, se libérant des caprices du vent pour devenir dépendants des approvisionnements en combustibles.

3. Mahan bâtit sa pensée dans l'étude des antagonismes maritimes et coloniaux suivant les Grandes Découvertes (notamment rivalité franco-britannique). Sur cette question, Mahan publie : *L'Influence de la puissance maritime sur l'histoire, 1660-1783* (1890) ; *L'Influence de la puissance maritime sur la Révolution et l'Empire français, 1793-1812* (1892).

Mahan oppose la persévérance britannique aux variations de la France, tiraillée entre ses rêves coloniaux et ses ambitions continentales. Du XVIe au XXe siècle, l'Angleterre montre une remarquable continuité dans sa politique : se rendre maîtresse des océans ; empêcher que le cœur du monde (l'Europe) ne soit dominé par l'une des grandes puissances du Continent (France de Louis XIV ou de Napoléon – l'Angleterre restera fidèle à cette démarche face à l'Allemagne de Guillaume II ou de Hitler).

Le Royaume-Uni, du début du XVIIIe siècle (guerre de succession d'Espagne, 1701-1714) à la Seconde Guerre mondiale, obéit bien à une vision géopolitique, axée sur la mer : il s'agit notamment de contrôler tous les points maritimes essentiels de passage, de la Baltique à la Chine (Gibraltar, Le Cap, Suez, Aden, Ormuz, Singapour), d'abord pour assurer la sécurité des liaisons entre l'Angleterre et le joyau de la Couronne britannique, l'empire des Indes. Chaque guerre, chaque victoire est l'occasion, pour l'Angleterre, d'étendre et de consolider ce réseau de points stratégiques.

Pour l'Américain qu'est Mahan, cette maîtrise des océans par la puissance britannique constitue un modèle à imiter et à dépasser. Les États-Unis de la seconde moitié du XIXe siècle, libérés de toute menace sur leurs frontières terrestres, protégés par l'Atlantique et le Pacifique, ont quelque chose d'une île. Tout comme l'Angleterre se trouve entre l'Europe et le « grand large », les États-Unis, eux, sont entre l'Europe et l'Asie. De plus, les États-Unis des lendemains de la guerre de Sécession, de la Reconstruction, sont en plein décollage économique et, dès la fin du XIXe siècle, émergent comme la première puissance industrielle mondiale.

II. HALFORD J. MACKINDER (1861-1947)

A. Une vie confrontée aux mouvements de l'histoire mondiale

Sir Halford J. Mackinder, britannique, apparaît comme un personnage charnière, un homme entre deux (ou plusieurs) époques, nourrissant sa pensée de ce basculement d'un monde dans un autre.

Mackinder est d'abord l'un des meilleurs enfants de l'ère victorienne ; l'Angleterre, à l'apogée de sa puissance, est maîtresse des mers, ainsi que d'un empire digne de Rome, allant de Suez à Hong Kong, du Canada aux Indes, et sur lequel le soleil ne se couche jamais. Mackinder est un jeune homme lorsque, en 1877, la reine Victoria est proclamée impératrice des Indes.

Géographe, Mackinder réalise, à l'aube du XXe siècle, des études sur les îles Britanniques, la vallée du Rhin. Il enseigne la géographie à Oxford de 1887 à 1905, puis dirige, de 1903 à 1908, la prestigieuse London School of Economics and Political Science. Le 25 janvier 1904, devant la Royal Geographic Society, Mackinder prononce la conférence sur « Le pivot géographique de l'histoire » (« The Geographical Pivot of History ») qui l'établit comme le fondateur de la pensée géopolitique au XXe siècle. Mackinder raisonne à partir d'événements, d'images. Que voit-il ? D'un côté, l'Angleterre – son pays –, venant de mener, à des milliers de kilomètres de chez elle, une lutte très âpre – la guerre des Boers (1899-1902) – afin d'étendre son emprise sur une zone essentielle de richesse et de passage, le Sud de l'Afrique, à la jonction de l'océan Atlantique et de l'océan Indien. De l'autre côté, la Russie des tsars, lancée depuis le début du XVIe siècle à la conquête de la Sibérie jusqu'à l'océan Pacifique. Ce qui fascine Mackinder, ce sont l'éternel retour des affrontements entre nomades et sédentaires, la permanence des voies d'invasion et de circulation, ainsi que des enjeux géographiques. Mais, ajoute Mackinder, « la décennie actuelle [le début du XXᵉ siècle] nous voit pour la première fois en mesure de tenter, de manière relativement complète, une corrélation entre les généralisations les plus vastes de l'histoire et de la géographie. Pour la première fois, nous pouvons entrevoir une partie du rapport réel entre les événements politiques et les caractéristiques géographiques à l'échelle du monde ; nous pouvons également rechercher une formule qui exprime, sous certains aspects au moins, la causalité géographique en Histoire universelle ».

Mackinder ne cesse d'être engagé dans les affaires britanniques : député à la Chambre des communes de 1910 à 1922 ; haut-commissaire britannique en Russie méridionale en 1919-1920 ; président du Comité impérial économique…

En 1919, alors que la Première Guerre mondiale vient de s'achever, Mackinder publie son principal livre de géopolitique : *Democratic Ideals and Reality*. Le titre résume bien la préoccupation de l'auteur : au lendemain de la victoire des démocraties occidentales (France, Grande-Bretagne, États-Unis) sur les empires centraux, la paix ne saurait être bâtie sur les seuls idéaux, si nobles soient-ils, mais à partir des réalités, c'est-à-dire de la géographie de notre planète telle que l'Histoire l'a façonnée et refaçonnée.

En 1942, alors que le cours de la Seconde Guerre mondiale se renverse au détriment de l'Axe (Allemagne hitlérienne, Italie, Japon) et au profit de la Grande Alliance (États-Unis, Grande-Bretagne, Union soviétique), l'ouvrage de Mackinder est réédité et largement diffusé par les organismes officiels ; Mackinder a bien mis en lumière l'enjeu géopolitique central du conflit : le contrôle du *heartland*, du cœur du monde.

En juillet 1943, dans la revue américaine *Foreign Affairs*, Mackinder publie l'article qui constituera son testament intellectuel : « The Round World and the Winning of Peace » – titre qui, de manière approximative, peut être traduit par : « La réussite de la paix dans un monde fini ». La victoire contre l'Allemagne et le Japon est alors certaine. Il s'agit donc – comme déjà en 1919 – de réfléchir sur l'après-guerre, et donc, du point de vue des États-Unis, sur les rapports futurs avec le grand et énigmatique allié, l'Union soviétique de Staline.

Mackinder naît à l'histoire avec le désastre de la France de Napoléon III en 1870, soit à ce moment où le principe pluriséculaire de l'équilibre européen s'écroule sous les coups à la fois de l'amplification des rivalités vers l'Asie et l'Afrique et de l'ascension de nouveaux empires (Allemagne, États-Unis, Russie). De façon symbolique, Mackinder meurt en 1947, l'année où le rideau de fer partage l'Europe entre libéralisme et communisme ; désormais, le Vieux Continent n'est plus qu'un objet de l'Histoire, dominé, surplombé par le formidable bras de fer entre la puissance de la mer (les États-Unis) et la puissance de la terre (l'Union soviétique).

B. La vision de Mackinder

1. Les concepts directeurs

Alors qu'à la fin du XVIe siècle, à l'époque élisabéthaine, le grand navigateur anglais Walter Raleigh résume parfaitement la vision de son pays en proclamant : « Qui tient la mer tient le commerce du monde, tient la richesse du monde ; qui tient la richesse du monde tient le monde lui-même », Mackinder, pourtant lui aussi britannique, pense qu'à l'aube du XXe siècle la puissance appartient à la terre : « Qui contrôle le cœur du monde commande à l'île du monde, qui contrôle l'île du monde commande au monde. »

L'intelligence de Mackinder réside d'abord dans la combinaison qu'il fait de la géographie et de l'histoire. D'une part, il n'y a pas d'histoire hors de la géographie, des continents et des océans, des plaines et des montagnes, des fleuves et des déserts ; l'« histoire humaine s'intègre dans la vie de l'organisme mondial », les ambitions humaines à la fois subissent et utilisent la géographie. D'autre part, l'histoire réinvente sans cesse la géographie, par les innovations techniques, les capacités économiques et politiques, enfin les rêves des hommes.

La force de la démarche de Mackinder vient de ce qu'il va à l'essentiel, à l'évident : la terre, notre planète, est envisagée comme une totalité. Précédant d'un quart de siècle Paul Valéry – annonçant en 1931 : « Le temps du monde fini commence » –, Mackinder écrit en 1904 : « …le monde entier, à peine connu dans ses frontières les plus reculées, doit déjà être considéré comme l'objet d'une appropriation politique complète. »

– La terre est faite, d'abord, d'espaces maritimes, couvrant les neuf douzièmes de la surface du globe. Les océans Atlantique, Indien, Pacifique, Arctique et Antarctique ne constituent que les parties d'un seul et même ensemble liquide, l'*Océan mondial (World Ocean).*

– Quant aux trois autres douzièmes, ce sont les terres émergées : d'abord, pour deux douzièmes, l'*Île mondiale (World Island)*, cet espace continu, comprenant l'Europe, l'Asie et l'Afrique. Reste un dernier douzième, les deux grandes îles de la périphérie *(Outlying Islands)* : les Amériques et l'Australie, continents inconnus, tenus hors de l'histoire mondiale jusqu'à l'extrême fin du XVe siècle (découverte de l'Amérique par Christophe Colomb), ou même jusqu'au XVIIIe siècle pour l'Australie.

Le décor est planté. Déjà se dessine l'opposition entre la terre et la mer. Déjà revient la question, qui hante tous les empires et donc l'Empire britannique : quelle partie faut-il dominer, contrôler pour se rendre maître du monde ?

– D'où la notion de *heartland, cœur du monde*. Il s'agit du « Nord et de l'intérieur de l'Eurasie. Il s'étend de l'Arctique jusqu'aux déserts d'Asie centrale ; ses limites occidentales se situent dans ce grand isthme pris entre la Baltique et la mer Noire. Ce concept [de *heartland*] ne peut être fixé précisément sur la carte »… car, pour Mackinder, cet espace résulte de trois composantes : la plaine la plus vaste du globe ; de longs fleuves navigables, mais se perdant les uns dans les glaces de l'Arctique et les autres dans des mers fermées (Caspienne, Aral…) ; enfin, une immense zone de pâturage assurant aux nomades une parfaite mobilité.

Mackinder évoque un deuxième *heartland*, celui du Sud, situé en Afrique, au sud du Sahara, et séparant le monde blanc et le monde noir. Comme le *heartland* du Nord, celui du Sud se présente comme une zone offerte à la circulation, et permettant de contrôler la péninsule Arabique, l'océan Indien, l'Atlantique Sud.

– Autour du cœur du monde, de l'espace pivot, « citadelle de la puissance terrestre », se succèdent, en demi-cercles concentriques, plusieurs types d'espaces. Il y a d'abord *le croissant intérieur (inner crescent)*, ceinture protectrice du *heartland* (vide hostile de la Sibérie ; chaîne de l'Himalaya ; déserts de Gobi, du Tibet et d'Iran), avec, tout de même, un maillon ouvert : la plaine eurasiatique, s'étendant de l'Atlantique au centre de l'Asie. À la périphérie de ce croissant intérieur, figurent les *coastlands*, les régions côtières, péninsules où s'entasse la grande majorité des populations humaines : Europe, Arabie (certes, elle, faiblement habitée), sous-continent indien, Indochine, Chine maritime. Au bord de ces *coastlands*, se dressent, à la fois distinctes et proches, les îles du *croissant extérieur (outer crescent)* : le Royaume-Uni, le Japon *(offshore islands)*. Enfin, l'ultime demi-cercle *(insular crescent, croissant insulaire)* est composé des îles du grand large *(outlying islands)* : les Amériques et l'Australie.

Cette représentation de la Terre fait d'elle une scène organisée pour les rivalités de puissance, le vainqueur devant être celui qui est maître du *heartland*.

2. Pourquoi cette valeur décisive du **heartland** *?*

Mackinder part de la mutation que sont les Grandes Découvertes. L'Europe du Moyen Âge était « enfermée entre un désert infranchissable au Sud, un océan inconnu à l'ouest, des étendues glaciales ou boisées au nord et au nord-est, et menacée à l'est et au sud-est par la mobilité supérieure des nomades… ». En s'emparant de l'Océan mondial, « unique et continu, entourant toutes les terres, fractionnées et insulaires », l'Europe, à partir du XVe siècle, à la fois unifie et contrôle la terre, contournant et marginalisant le *heartland* (d'où, par exemple, l'effondrement des routes terrestres de la soie et des épices à travers l'Asie centrale, au profit des voies maritimes, contournant l'Afrique et rejoignant par l'océan Indien l'Extrême-Orient).

Or, pour Mackinder, la seconde moitié du XIXe siècle et le début du XXe se caractérisent par un nouveau basculement historique, au détriment de la mer et en faveur de la terre. La clé de ce retournement réside dans la combinaison de données politiques et techniques. D'une part, « alors que les peuples maritimes couvraient les océans de leurs flottes, colonisaient les continents périphériques […], la Russie […] a soumis la steppe [c'est-à-dire le *heartland*] à sa loi… ». D'autre part, « les chemins de fer transcontinentaux ont commencé de bouleverser les données de la puissance terrestre », remplaçant le cheval et le chameau avec une mobilité multipliée, et restituant sa centralité au *heartland* ; à partir de ce point d'appui, il devient possible d'atteindre, de frapper aussi bien l'Europe occidentale que le Moyen-Orient ou la Chine. « Le renversement de l'équilibre de la puissance en faveur de l'État pivot, résultant de son expansion vers les marges de l'Eurasie, permettrait l'exploitation des vastes ressources continentales pour la construction d'une flotte ; alors l'empire mondial serait en vue. Cette hypothèse pourrait se concrétiser si l'Allemagne s'alliait à la Russie. »

Écrivant ces phrases à l'aube du XXe siècle, Mackinder exprime l'inquiétude majeure de l'Angleterre, alors maîtresse de l'Océan mondial : se heurter à une Île mondiale soudée, gouvernée par une seule puissance, dont le siège ne saurait qu'être le *heartland*. Mackinder, intégrant l'extension à la terre tout entière des rivalités de puissance, reformule, en termes géopolitiques, la hantise constante de l'Angleterre : être coupée, exclue de l'Île mondiale – ou, plus précisément, de l'Europe – par un empire s'étendant à tout le Continent, fermé sur lui-même et privant donc les îles Britanniques de ses débouchés. D'où la lutte à mort entre l'Angleterre de Pitt et la France napoléonienne.

Les deux guerres mondiales peuvent être appréhendées par cette grille de lecture. Dans le conflit de 1914-1918, le Royaume-Uni, allié de la France et de la Russie, engage ses soldats sur le Continent pour s'opposer à l'ambition hégémonique de l'Allemagne de Guillaume II, qui, si elle avait battu la Russie et la France, aurait réalisé l'empire continental, ôtant à l'empire maritime britannique ses premiers marchés. En 1939, le même drame se joue à nouveau : d'un côté, l'Allemagne hitlérienne, revendiquant un empire européen, et, en outre, ayant pour allié l'Union soviétique de Staline (août 1939-juin 1941) ; de l'autre côté, la Grande-Bretagne, encore plus ou moins gardienne des mers. En juin 1941, Hitler, en envahissant son grand allié, l'Union soviétique, ne vise-t-il pas à s'approprier le *heartland*, à fondre les espaces germanique et russe ?

3. Du **heartland** *à la structuration du monde après la Seconde Guerre mondiale*

À ce stade, la démarche de Mackinder doit encore s'élargir, inclure un élément périphérique : *les États-Unis d'Amérique*. Pour le Mackinder de 1943, le monde paraît être appelé à se structurer autour de deux centres, de deux axes *(fulcra)*, l'un étant le fleuve sibérien Ienisseï, l'autre le fleuve américain Missouri, la partie centrale des États-Unis s'imposant comme un nouveau *heartland*.

Pour Mackinder, écrivant en 1943, alors que la défaite de l'Allemagne et du Japon est de plus en plus certaine, la préoccupation majeure reste inchangée : une fois les combats terminés, comment, pour les nations maritimes (Royaume-Uni, États-Unis), équilibrer l'État pivot, c'est-à-dire l'Union soviétique qui, si elle « émerge de cette guerre en conquérant l'Allemagne, sera la plus grande puissance continentale du globe », dominant le *heartland* ? Pour faire face à ce défi, il faut édifier une « coopération efficace et durable entre l'Amérique, la Grande-Bretagne et la France, la première garantissant une défense en profondeur, la deuxième constituant une île fortifiée avancée – Malte à une plus grande échelle –, et la troisième apportant, sur le Continent, une tête de pont pouvant être défendue ». Le propos de Mackinder est prophétique : en 1949, le *heartland* (Union soviétique et États communistes d'Europe orientale) s'érigeant en bloc impénétrable et hostile, naît l'Alliance atlantique, dirigée par les États-Unis, et associant d'abord le Royaume-Uni et la France ; de plus, tout comme l'île de Malte sert de base de surveillance de la Méditerranée pour l'Angleterre, celle-ci, ancrée au large de l'Europe, devient « le porte-avions » du dispositif occidental. Quant à l'Atlantique, il se transforme en une mer au milieu des terres (Méditerranée), océan entre l'Amérique, l'Europe et l'Afrique (*mid-ocean*, partie de l'Océan mondial – *great ocean*).

Mackinder est-il un théoricien ? Il s'agit plutôt d'un homme ayant une culture historique authentiquement mondiale et doté d'un coup d'œil. Mackinder voit la terre, ses grandes masses – l'Océan mondial, l'Île mondiale, les îles du grand large. Par son sens historique, Mackinder retrouve spontanément les constantes – l'antagonisme sans cesse repris pour la domination du monde connu : Sparte et Athènes, Rome et Carthage, France et l'Angleterre… –, mais aussi identifie les facteurs de métamorphose : la technique et son utilisation, élargissant le champ des affrontements à toute la planète.

III. NICHOLAS JOHN SPYKMAN (1893-1943)

Nicholas John Spykman naît à Amsterdam en 1893. De 1913 à 1920, il parcourt le Proche-Orient et l'Asie comme jeune journaliste. Puis il fait des études supérieures aux États-Unis, à l'université de Californie (1921-1923), où, ensuite, il enseigne la science politique et la sociologie. En 1925, Spykman rejoint l'université Yale ; de 1935 à 1940, il est président du département des relations internationales et directeur de l'Institut d'études internationales. Spykman meurt en 1943.

Le monde selon Mackinder

Source : N. J. Spykman, *The Geography of the Space*, New York, Harcourt, Brace & Co, 1944.

A. La géographie, facteur fondamental de la politique des États

1. La géographie comme permanence

En 1938, Spykman publie, dans l'*American Political Science Review*, deux articles, le premier sur « Géographie et politique étrangère », le second (en collaboration avec Abbie A. Rollins) sur les « Objectifs géographiques dans la politique étrangère ».

Pour Spykman, la géographie constitue

> le déterminant le plus fondamental dans la formulation d'une politique nationale, car il est le plus permanent [...]. Parce que les caractéristiques géographiques des États sont relati-

> vement stables et inchangeables, les aspirations géographiques de ces États restent les mêmes pendant des siècles ; et, parce que le monde n'a pas encore atteint cette situation heureuse où les besoins de chacun n'entreront pas en conflit avec ceux d'autrui, ces aspirations sont source de frictions. Ainsi la géographie est-elle responsable de nombre des luttes qui se perpétuent à travers l'histoire, alors que passent gouvernements et dynasties.

Spykman se distingue à la fois du déterminisme géographique de l'Allemand Friedrich Ratzel (1844-1904) et du possibilisme du Français Lucien Febvre (1878-1956). Pour Ratzel, la politique des États serait exclusivement régie par les contraintes de la géographie (position dans l'espace ; présence ou absence de protections naturelles – montagnes, fleuves, mers… ; recherche d'une assise territoriale sûre…). Pour Febvre, la géographie offre des possibilités, des occasions, que l'homme peut exploiter (ou ne pas exploiter) de mille manières différentes ; par exemple, un fleuve, comme le Rhin, se présente aussi bien comme une voie d'échanges, de communication que comme une barrière entre les pays riverains.

Pour Spykman, dont la thèse fait écho à la célèbre formule de Napoléon : « Un État fait la politique de sa géographie », la géographie crée une prédisposition.

Ainsi, l'Angleterre est une île, de taille modeste, aux potentialités agricoles limitées, à la lisière du continent européen et de ses menaces ; elle se trouve donc poussée à chercher sa sécurité, sa nourriture, sa richesse, sa puissance par et sur les océans. Ainsi, l'Allemagne est installée au cœur du continent européen, prise entre la France et le monde slave, et ne dispose que d'une façade étroite sur la mer ; d'où, à la fin du XIXe siècle et dans la première moitié du XXe, la hantise de l'Allemagne – unie en 1871 – d'être encerclée, étouffée par ses voisins, d'où sa revendication d'un espace vital rompant cet enfermement au centre de l'Europe.

2. La géographie comme incertitude

L'identité géographique des peuples, des États, est-elle aussi établie que le croit Spykman ? Rien n'est moins certain.

a) D'une part, la configuration spatiale des États n'a rien d'immuable. Ce qui était uni peut être divisé (par exemple, Pologne effacée de la carte de l'Europe par une succession de partages, en 1772, 1793 et 1795 ; en 1991, éclatement de la Yougoslavie puis de l'Union soviétique). À l'inverse, ce qui était fragmenté peut se rassembler (dans les années 1860-1870, unification des Italies et des Allemagnes). Les divisions d'une région peuvent être bouleversées par une ou des ruptures historiques (ainsi l'Afrique précoloniale, partagée entre ethnies, entre empires, laisse-t-elle la place à une Afrique coloniale découpée entre les puissances européennes, puis à une Afrique postcoloniale aux frontières héritées des colonisateurs). Des États peuvent être déplacés : par exemple, la Pologne de 1945 repoussée vers l'ouest par rapport à celle de 1921… Bref, des États dont le territoire ne se soit pas transformé à travers les siècles existent-ils ? Sans doute le Japon, archipel ayant réussi, à plusieurs reprises, à se couper temporairement du reste de la planète…

b) D'autre part, l'environnement géopolitique des États est profondément mouvant. Ce qui était équilibré peut se déséquilibrer (du Moyen Âge aux deux guerres mondiales, Europe oscillant entre des phases de relative égalité entre les puissances et des moments de poussée hégémonique – Espagne des Habsbourg, France de Louis XIV et de Napoléon Ier, Allemagne de Guillaume II et de Bismarck). Les dimensions de l'environnement peuvent être bouleversées : ainsi, à partir du XVIe siècle, élargissement des rivalités européennes à l'échelle de la planète, du fait des expansions coloniales… Un espace d'affrontement peut se changer en zone de coopération (Europe occidentale, au lendemain de la Seconde Guerre mondiale).

Si, pour les hommes à la vie brève, les paysages s'inscrivent dans des durées ayant l'apparence de l'éternité, le regard, les analyses, les calculs, les travaux, les réalisations de ces mêmes hommes métamorphosent sans cesse le sens de ces paysages. Ce qui était désert devient zone fertile, et *vice versa*. Ce qui sépare à certaines périodes unit à d'autres, et souvent même éléments de lutte et d'unité s'entremêlent (par exemple, en particulier lors des croisades, mer Méditerranée, champ de bataille et carrefour d'échanges).

B. Le *rimland*

Si la démarche de Mackinder s'organise autour de l'idée de *heartland*, celle de Spykman retient, comme zone pivot, le *rimland* (c'est-à-dire les terres du bord).

Tout comme la pensée de Mackinder est hantée par l'émergence des puissances continentales (Allemagne de Guillaume II, puis de Hitler ; Russie de Nicolas II, puis Union soviétique de Staline) face aux puissances maritimes (Royaume-Uni, puis États-Unis), la réflexion de Spykman est, elle aussi, en situation : il s'agit, en pleine Seconde Guerre mondiale, de définir le rôle nécessaire et possible des États-Unis dans le monde de l'après-guerre. Le premier ouvrage de géopolitique de Spykman, *America's Strategy in World Politics* (1942), est écrit à la veille de l'entrée des États-Unis dans le conflit et publié au lendemain de cette entrée. Le second ouvrage, *The Geography of the Peace* (1944), sort après la mort de Spykman.

1. La notion de **rimland**

– Le *rimland* de l'Eurasie comprend les terres du bord : l'Europe côtière ; les déserts d'Arabie et du Moyen-Orient ; l'Asie des moussons. Le *rimland* « doit être considéré comme une région intermédiaire entre le *heartland* et les mers riveraines. Le *rimland* fonctionne comme une vaste zone de conflits entre la puissance maritime et la puissance continentale. Regardant dans les deux directions, il doit être amphibie et se défendre aussi bien sur terre que sur mer ».

– Le *rimland* est un espace charnière, un enjeu vital entre puissances de la mer et puissances de la terre. Ainsi, par exemple, tout au long du XIXe siècle et jusqu'au début du XXe, le « grand jeu » entre l'Angleterre, maîtresse des Indes et des océans, et la Russie des tsars, avançant vers les mers chaudes, l'affrontement se cristallisant sur la zone tampon, le « Balcon du Nord » – *Northern Tier* : Perse, Afghanistan. De même, à la fin du XIXe siècle et jusqu'à la Seconde Guerre mondiale, s'opposent l'Angleterre, gardienne de l'équilibre européen, et l'Allemagne, affirmant sa volonté d'hégémonie sur le Vieux Continent. Enfin, de la fin des années soixante à celle des années quatre-vingt, l'antagonisme entre les États-Unis, puissance de la mer, et l'Union soviétique, puissance de la terre, donne lieu à des heurts directs ou indirects dans le *rimland*, du face-à-face des deux alliances – Alliance atlantique, Pacte de Varsovie – en Europe aux guerres d'Asie (Corée, Indochine).

– Chez Mackinder, le *rimland* se présente comme une ceinture continue, se déroulant de la Scandinavie jusqu'à la Chine maritime. Spykman, lui, insiste sur la diversité, l'hétérogénéité du *rimland*.

L'Europe côtière – comme le rappellent les invasions successives venues de l'Est – s'offre, par les plaines du Nord (Pologne, Allemagne), aux convoitises du *heartland* (du déferlement des Huns, au Vᵉ siècle, aux poussées de la Russie, de la fin du XVIIIᵉ siècle à la Seconde Guerre mondiale). Le Moyen-Orient, lui, est un carrefour de routes, d'empires, suscitant des invasions tant de l'Est (Turcs, Mongols) que du Sud (Arabes) ou de l'Ouest (Européens au temps des croisades, puis de la colonisation). Quant à l'Asie des moussons, de l'Inde à la Chine méridionale, elle est séparée du *heartland* par les barrières de l'Himalaya et du Tibet ; mais il existe toujours des points de passage (en particulier, à la frontière actuelle du Pakistan et de l'Afghanistan, la célèbre passe de Khyber, qui a permis aux Perses, à Alexandre le Grand, aux Turcs de pénétrer en Inde). De plus, cette Asie des moussons, si elle est une par le climat, est fragmentée en plusieurs régions à l'identité géographique marquée : sous-continent indien ; péninsule indochinoise ; Chine du Sud.

2. Le **rimland** *comme déterminant de la politique extérieure des États-Unis au lendemain de la Seconde Guerre mondiale*

Pour Spykman, qui contrôle le *rimland* contrôle la zone charnière du monde, donc cette région vulnérable tant de la terre que de la mer mais en même temps capable de tenir l'une et l'autre, puisque c'est sur le *rimland* que se joue l'affrontement toujours renaissant entre puissances maritimes et puissances continentales.

Dans ces années de guerre, la démarche de Spykman se définit alors comme celle d'un réaliste, d'un régionaliste, s'opposant à la tradition idéaliste, universaliste des États-Unis. Pour ce messianisme universaliste, dont l'illustration la plus forte reste les « quatorze points » du président Wilson (8 janvier 1918), la vraie paix ne saurait que reposer sur la sécurité collective, sur une société des nations partageant les mêmes valeurs (individualisme, liberté, démocratie) et confiant la garde de l'ordre international à des institutions (Société des Nations en 1919, puis Organisation des Nations unies en 1945). Pour Spykman, il faut partir des données géographiques.

– « L'Europe peut être organisée sous la forme d'une Société régionale des Nations, avec les États-Unis pour membre non européen. » Ici, Spykman prend acte de la mort de l'équilibre européen. Les puissances européennes (Royaume-Uni, France, Allemagne, Russie – puis Union soviétique) ne peuvent plus s'équilibrer, se neutraliser les unes les autres. Les États-Unis doivent représenter ce contrepoids face à l'Allemagne, trop pesante démographiquement, économiquement, au centre de l'Europe, ou à la Russie soviétique, colosse mi-européen, mi-asiatique. Ce que préconise Spykman annonce aussi bien l'Alliance atlantique (1949), unissant les États-Unis et les États ouest-européens contre la menace soviétique, que la Conférence sur la sécurité et la coopération en Europe (CSCE, depuis 1973), structure rassemblant tous les États européens, comprenant donc l'Union soviétique (depuis 1992, les États issus de celle-ci), mais aussi les États-Unis et le Canada.

– L'Union soviétique, « aussi longtemps qu'elle ne cherche pas à établir son hégémonie sur le *rimland* […] sera la puissance continentale la plus déterminante dans la préservation de la paix […]. Un État russe de l'Oural à la mer du Nord n'est guère préférable à un État allemand de la mer du Nord à l'Oural ». Pour Spykman, raisonnant du point de vue des États-Unis, puissance océanique séparée de l'Europe par l'Atlantique, la menace géopolitique majeure réside dans l'union du *rimland* et du *heartland* (soit l'Île mondiale, à l'exception, peut-être, de l'Afrique) sous un même pouvoir, dans un même empire, qu'il s'agisse de l'Allemagne hitlérienne ou de l'Union soviétique de Staline. Ce qui importe pour Spykman, ce n'est en rien le caractère idéologique (nazisme de l'Allemagne, marxisme-léninisme de l'Union soviétique), mais le fait de l'unification de l'espace eurasiatique sous une seule autorité.

Si l'Île mondiale (Eurasie et Afrique) se constitue en bloc, les États-Unis seront à leur tour enfermés dans le continent américain comme dans une prison, les océans – et d'abord l'Atlantique – cessant d'être des voies de circulation et d'échanges pour se transformer en zones mortes ou hostiles, divisant au lieu de lier. Ainsi le combat des États-Unis dans les deux guerres mondiales s'approprie-t-il les préoccupations géopolitiques de l'Angleterre en les élargissant : empêcher l'Île mondiale de devenir un empire monolithique, prétendant à l'autosuffisance ; maintenir les mers comme des routes commerciales, les États-Unis, du fait du formidable développement de leur puissance industrielle, devant s'assurer des débouchés et avoir librement accès aux régions productrices de matières premières.

– Enfin, il y a le *rimland* asiatique, que le Japon, à l'extrême de ses ambitions impériales, dans les années trente et au début des années quarante, rêve de transformer en un vaste empire autosuffisant *(sphère de coprospérité asiatique)*, avec le charbon de Mandchourie et du Tonkin, le caoutchouc d'Indochine, le pétrole des Indes néerlandaises… Pour les États-Unis, attaqués par le Japon (Pearl Harbor, 7 décembre 1941), ce dessein panasiatique représente une limite majeure à l'universalisation des échanges, à la doctrine de la porte ouverte selon laquelle tous les marchés doivent être ouverts à tous. Or, pour Spykman, « avec la défaite du Japon dans cette guerre, le contrôle de l'accès maritime au continent [asiatique] cessera d'être entre ses mains, et la Chine émergera comme l'État le plus grand et le plus puissant de la région ». La menace géopolitique viendra de la Chine et, « si l'équilibre de la puissance en Extrême-Orient doit être maintenu dans l'avenir comme dans le présent, les États-Unis devront adopter une politique de protection du Japon tout comme celle déjà poursuivie envers la Grande-Bretagne ». Au moment où Spykman écrit ces lignes (en 1942-1944), la politique américaine dans la zone Asie-Pacifique n'obéit qu'à un seul but : vaincre le Japon, qui résiste farouchement, et ne se résignera à la capitulation sans conditions qu'après avoir été frappé par deux bombes atomiques (à Hiroshima le 6 août 1945, puis à Nagasaki le 9 août). Pour les États-Unis, dont les armées bondissent d'île en île, l'allié vital en Asie est la Chine de Tchang Kaï-chek, dans laquelle s'enlisent de nombreuses divisions japonaises – privant d'autant de forces le front du Pacifique, face aux troupes américaines. Pour l'administration Roosevelt, la Chine doit devenir l'un des membres permanents du Conseil de sécurité de la future organisation mondiale pour surveiller la paix (Organisation des Nations unies) ; la Chine sera, en Asie, le point d'appui, le gardien de l'ordre régional.

Spykman, lui, raisonne non à partir des alliances dans le conflit en cours, mais de ce qui est, à ses yeux, au-delà des variations humaines : « Les ministres vont et viennent, même les dictateurs meurent, mais les chaînes de montagnes, elles, subsistent intactes. » Pour Spykman, la Chine, par sa taille, sa population, son histoire, ne saurait qu'être tentée par la constitution – ou la recréation – d'un énorme empire continental ; de plus, elle dispose des capacités humaines, militaires nécessaires. À l'inverse, le Japon est et sera toujours une île, volcanique, fragile, dépourvue de ressources naturelles et donc condamnée au commerce.

À la fin des années quarante, l'analyse de Spykman se

révèle, semble-t-il, prophétique, mais le cheminement des faits, des motifs obéit à une logique qu'ignore justement la démarche de Spykman : la logique idéologique. En 1949, la Chine continentale – alliée essentielle des États-Unis sous Tchang Kaï-chek – devient communiste, sous la direction de Mao Zedong. Or, à cette époque, toute la politique extérieure des États-Unis s'organise autour d'un seul but : endiguer le communisme *(containment)*. La Chine, en basculant dans cette idéologie, est par conséquent un ennemi. Ce qui guide l'Amérique, c'est sa croisade mondiale contre le communisme.

Dans l'hypothèse où les États-Unis auraient adopté un raisonnement géopolitique, l'instauration en Chine d'un régime marxiste-léniniste n'aurait pas été leur préoccupation décisive ; ce qui aurait importé à leurs yeux, ç'aurait été de déterminer si cette Chine communiste allait constituer un simple satellite du *heartland* (c'est-à-dire de l'Union soviétique de Staline) ou au contraire s'affirmer comme une puissance indépendante, nouvelle Jérusalem du marxisme-léninisme se posant en rivale de Moscou. Or, tout au long des décennies 1950 et 1960, les États-Unis ne perçoivent qu'une hydre communiste à plusieurs visages (Union soviétique, Chine, Cuba, Nord-Vietnam…) ; ce n'est qu'au début des années 1970 que Washington prend conscience que la Chine, quel que soit son régime, reste la Chine, orgueilleuse, rejetant toute soumission même (ou surtout) à son grand frère en marxisme-léninisme, l'Union soviétique.

Quant au Japon, vaincu et occupé en 1945 par les États-Unis, il est reconstruit et protégé par ces derniers. Y a-t-il là, de la part de Washington, un choix géopolitique ou plus prosaïquement un enchaînement de nécessités ? La Seconde Guerre mondiale terminée, les États-Unis se rendent compte qu'un Japon ruiné, misérable, ne serait qu'un lourd et dangereux fardeau ; le Japon, transformé, par la volonté américaine, en État pacifique et démocratique, doit se reconstruire et ainsi subvenir aux besoins de sa nombreuse population. De plus, en 1949, la perte de la Chine (l'allié de Washington, Tchang Kaï-chek, se réfugiant dans l'île de Taiwan) confère à la périphérie maritime de l'Asie septentrionale et donc à l'archipel nippon une primauté stratégique qu'ils n'avaient pas tant que les États-Unis disposaient d'un appui sur le Continent.

C. La géopolitique aux États-Unis après Spykman

1. Des travaux dominés par le moment de leur élaboration

America's Strategy in World Politics de Spykman, publié en 1942, connaît un large succès pour ce type d'ouvrage. Celui-ci contribue à renouveler profondément les perceptions qu'ont les Américains de l'extérieur. Le message idéaliste, incarné notamment par le président Wilson au temps de la Première Guerre mondiale, se trouve confronté à l'exigence réaliste : la planète ne saurait être réduite à un lieu en attente des Lumières américaines – qui apporteraient paix et bonheur –, mais doit être analysée comme un champ de forces et d'ambitions. En outre, Spykman met en cause la tradition ou l'illusion isolationniste : la guerre en cours n'est pas une parenthèse, les États-Unis se repliant sur leur continent une fois l'Allemagne et le Japon abattus ; l'Amérique fait partie du monde et doit se penser comme telle.

Les travaux de Spykman comme ceux de tous les géopoliticiens, sont *situés*, façonnés par le moment où ils sont écrits.

– Pour Spykman, la puissance est une donnée reposant sur la quantité, le nombre (millions de kilomètres carrés, d'habitants, de tonnes de matières premières, moyens techniques…). Mais qu'est-ce qui fait le fond de la puissance ? Ce qui, dans une configuration donnée, est considéré comme une faiblesse se retourne en force dans d'autres circonstances. La puissance est mobile, son ultime fondement résidant dans les croyances (ou peut-être la crédulité) des hommes. Ainsi Spykman ne sent pas venir ce qui sera l'une des mutations géopolitiques de l'après-guerre : la décolonisation, l'émancipation des peuples soumis par l'Occident, montrant que ceux qui, durant des siècles ou des décennies, avaient obéi à l'homme blanc ne reconnaissaient plus la légitimité de son pouvoir. Ce qui était puissance se vidait de toute substance.

– Spykman s'intéresse aux masses : *heartland*, *rimland*… Mais ces masses n'ont rien de réalités immuables. Il arrive qu'elles constituent un tout (de la fin des années 1940 à celle des années 1980, bloc soviétique, tenant le *heartland*), mais le plus souvent elles sont fragmentées entre des entités parfois alliées, parfois rivales.

– Enfin, la géopolitique, notamment celle de Spykman, accorde une grande importance aux techniques, et d'abord aux instruments d'exploitation et de contrôle de l'espace (bateau, train, avion…). À cet égard, lorsque Spykman écrit, il ne peut savoir que deux innovations, qui, dans ces années de combats, mobilisent les laboratoires des deux camps, vont bouleverser les rapports entre l'homme, l'espace et la guerre : d'abord, certes, la bombe atomique puis la bombe à hydrogène ; puis surtout les missiles, qu'utilisera l'Allemagne hitlérienne à la fin de la guerre (V1 et V2 en 1944-1945), et qui, perfectionnés ensuite, pourront transporter des charges formidables à des milliers de kilomètres de leur base de lancement.

2. Géopolitique et réalisme

Dans les États-Unis d'après la Seconde Guerre mondiale, l'inspiration réaliste de Spykman est reprise, assumée par un autre courant de pensée, celui du machiavélisme. Pour ce courant, la géographie n'est (avec l'histoire, l'économie, la culture…) qu'un facteur parmi d'autres de la puissance ; le champ international est un échiquier, et l'analyste a pour tâche de saisir les rapports de force dans leur pureté. Telle est la démarche de Hans Morgenthau, lui aussi émigré d'origine européenne ; son livre majeur, *Politics Among Nations*, est, par ses cinq éditions de 1948 à 1978, lu comme la bible du réalisme, selon laquelle « les relations entre nations ne sont pas essentiellement différentes des relations entre individus ; ce sont seulement des relations entre individus à une plus grande échelle ».

Morgenthau, s'il définit la géographie comme « le facteur le plus stable de la puissance » et rejoint ainsi Spykman, traite cependant la géopolitique comme une « pseudo-science », s'appuyant sur des recettes, et d'abord celle selon laquelle « qui gouverne le *heartland* commande l'Île mondiale ».

Toutefois, des auteurs américains, partant de la rupture introduite par la révolution combinée de l'atome et de la fusée, s'interrogent sur la pertinence de l'approche géopolitique à l'ère des armes nucléaires et de l'antagonisme Est-Ouest : notamment *Geography and Politics in a World Divided*, de Saul Bernard Cohen (1963), *The Geopolitics of the Nuclear Era*, de Colin S. Gray (1977).

Comme Mackinder puis Spykman, Gray écrit « en situation ». Depuis la seconde moitié des années 1940, les États-Unis et l'Union soviétique sont engagés dans une lutte globale, dont l'enjeu est la terre tout entière.

a) L'antagonisme américano-soviétique exprime, dans la seconde moitié du XX*e siècle, le perpétuel affrontement entre la mer et la terre, entre le* rimland *(États-Unis, Europe occidentale, Asie maritime) et le heartland (bloc soviétique).* Pour Gray, l'atome et le missile révolutionnent les échelles de temps, de capacité de destruction ; les gouvernants, au lieu de raisonner en tonnes, en heures, en jours, le font désormais en mégatonnes et en secondes. Pourtant, ces changements d'échelle, s'ils contractent dramatiquement le temps et l'espace, n'abolissent pas les réalités géopolitiques. Durant les décennies de l'antagonisme Est-Ouest, les États-Unis et l'Union soviétique savent que le recours par l'un d'eux aux armes nucléaires entraînerait une apocalypse, causant aux hommes des dommages irréparables. D'où des affrontements « géopolitiques » entre les deux superpuissances à propos de telle ou telle région du *rimland* (par exemple, crises de Berlin en Europe ; guerres de Corée et d'Indochine en Asie...). Les États-Unis et l'URSS se comportent donc alors comme s'ils s'identifiaient au conflit de la mer et de la terre.

b) Tout comme Mackinder et Spykman, Gray se veut prescriptif, son analyse étant guidée par le souci d'en dégager une politique. Ici, Gray retrouve tout autant la ligne de conduite de l'Angleterre face à l'Europe que les idées de Mackinder et Spykman : s'opposer à tout dessein hégémonique visant à unifier le *heartland* et le *rimland* sous une même direction. Les États-Unis doivent donc garder pour axe directeur le souci de contrecarrer l'URSS partout où elle tente d'avancer.

L'enracinement de l'approche géopolitique dans la pensée stratégique américaine est confirmé, en 1997, par le livre de Zbigniew Brzezinski (1928 -...), *Le Grand Échiquier (The Grand chessboard).* Brzezinski, né à Varsovie, et très fidèle à son origine polonaise, est un intellectuel typiquement américain. Universitaire prestigieux, premier directeur de la Commission trilatérale, il tient à forger des concepts et des théories, ainsi qu'à proposer des « Grandes Stratégies ». Brzezinski connaît son heure de gloire en 1977-1981 : succédant à Henry Kissinger il devient Conseiller pour la sécurité nationale du président Jimmy Carter.

Si Jimmy Carter est un idéaliste, un wilsonien, convaincu de la toute-puissance des principes, Brzezinski, lui, est un réaliste. *Le Grand Échiquier*, sans se référer à Mackinder et Spykman, reprend fondamentalement leur démarche. Brzezinski a pour ambition de définir la « Grande Stratégie » des États-Unis dans le monde post-Est-Ouest. Pour Brzezinski, le but central des États-Unis reste celui fixé par les géopoliticiens : garder un accès permanent à l'Eurasie, en contrôlant les périphéries (Europe, Moyen-Orient, Asie maritine), et en surveillant étroitement les équilibres géopolitiques de cet espace.

Brzezinski se distingue tout de même de Mackinder en n'introduisant jamais dans son raisonnement de notion « métaphysique » comme le *heartland*. Brzezinski traite longuement de la Russie, mais, loin de la considérer comme un pôle de puissance, tenant le cœur du monde, il en souligne les facteurs de décomposition. La Russie, nation en déclin démographique, ayant perdu son empire, s'offrirait comme une proie à ses voisins (Chine, islams d'Asie centrale…) en pleine expansion.

La problématique géopolitique est vouée à demeurer au cœur de la politique étrangère américaine. Les États-Unis sont toujours une île entre deux océans, ayant besoin d'avoir accès à l'Île mondiale. Si, pour le moment, cette Île mondiale n'est plus dominée par des rivalités impériales, elle connaît d'autres turbulences, produites principalement par l'explosion des revendications identitaires, ethniques, religieuses… Les États-Unis, s'ils ne craignent plus d'être isolés de l'Eurasie par un empire continental, peuvent l'être de bien d'autres manières, et notamment par la prolifération des désordres (terrorismes, États faibles...).

Un seul changement fondamental affecte, sans la bouleverser, cette perspective géopolitique : *les évolutions techniques, continuant de contracter l'espace et le temps.* Ainsi que l'illustrent les attentats du 11 septembre 2001, l'insularité américaine est toujours une réalité, mais elle n'est plus aussi absolue qu'il y a un siècle.

IV. LE JAPON

Le Japon est, lui aussi, une île ou un archipel. Son exemple confirme qu'il n'y a pas une géopolitique de la puissance maritime. Au contraire, chaque destin demeure unique. Comme l'Angleterre, le Japon est une île entre une masse continentale (l'Europe pour l'Angleterre, l'Asie pour le Japon) et une immensité océanique (l'Atlantique pour l'Angleterre ; le Pacifique pour le Japon). Ici s'arrêtent les points communs et commencent les différences, celles-ci ne pouvant être appréhendées qu'en combinant la géographie et l'histoire. « On chercherait une nécessité, une "loi des îles" pesant sur les hommes, sur les sociétés humaines : on ne trouverait que variété et diversité » (Lucien Febvre, 1922).

A. Les clés du destin géopolitique du Japon

– L'insularité japonaise apparaît beaucoup plus « absolue » (Thierry de Beaucé) que l'insularité britannique. L'Angleterre monarchique n'est pas née île, elle le devient à la fin de la guerre de Cent Ans, lorsque les Plantagenêts perdent leurs droits sur la couronne de France. Par ailleurs, l'Angleterre subit des invasions, notamment celle des Normands, en 1066. Le Japon, lui, est une entité multiséculaire. L'empereur est conçu comme le descendant de la déesse solaire, Amaterasu. Si la Chine et sa civilisation ne cessent d'être une référence pour le Japon, celui-ci ne s'en constitue pas moins comme une entité souveraine. Le Japon se glorifie de l'homogénéité de sa population. Jusqu'à la défaite de 1945, le Japon ne connaît aucune invasion militaire étrangère. En 1274 puis en 1281, la flotte mongole est détruite par les tempêtes (*kamikaze*).

– Tout comme l'histoire de l'Angleterre ne se sépare pas de celle de l'Europe, celle du Japon ne se sépare pas de celle de l'Asie. L'Angleterre est dans les mutations de l'Europe, elle en est l'un des lieux privilégiés. Or l'Europe, des Grandes Découvertes aux guerres mondiales, façonne l'histoire de la Terre ; les nations européennes – Portugal, Espagne, France, Pays-Bas, Angleterre… – se disputent son appropriation. Le Japon, lui, est de l'autre côté ; celui de l'Asie submergée par les ambitions européennes, et s'en protégeant d'abord en se fermant (ère des Togukawa, 1640-1867). Le Japon de l'ère Meiji (1868-1912), prenant conscience qu'il ne gardera son indépendance que s'il s'occidentalise, reste un imitateur. Il ne sera jamais pleinement dans le camp des vainqueurs.

– La position géographique a aussi son impact. L'Angleterre se situe à l'extrême ouest du continent, entre une Europe, où s'épanouit la modernité, et une Amérique du Nord, où les émigrés européens seront en mesure d'aller jusqu'au bout du rêve européen. L'Atlantique devient, du XVIe au XXe siècle, une artère vitale. Le Japon est dans une autre configuration. Au moment où le système d'échanges de l'Europe bascule de la Méditerranée vers l'Atlantique, le Pacifique reste une immensité vide. L'Atlantique est une mer connue au XVIe siècle, le Pacifique demeure énigmatique et donc hostile jusqu'à la fin du XVIIIe siècle.

– Enfin, il y aurait l'esprit des nations. Le Japon est-il, comme l'Angleterre, un peuple de marins ? Dans l'histoire longue de l'Asie, c'est la Chine qui s'impose comme la nation maritime avec la méthodique exploration de la Terre entière par l'expédition (1421-1423) initiée par l'empereur Zhu Di et organisée par l'amiral Zheng He. Cette expédition est possible grâce à l'accumulation et la mobilisation de connaissances que peut réaliser un empire (Chine) ou une région en ébullition (Europe). Le Japon est trop pauvre, le Pacifique trop grand.

B. L'échec géopolitique du Japon

Le Japon de l'ère Meiji se donne une ambition géopolitique. Il se comporte comme les autres nations tardives (ainsi l'Allemagne et l'Italie), mais leur drame est dans les rêves de puissance, alors que d'autres (Espagne, Angleterre, France et même États-Unis) se sont déjà partagé le monde. Le Japon souffre d'un handicap supplémentaire : il est « jaune » !

Le Japon de l'ère Meiji imite l'Occident : il s'industrialise, se dote d'un parlement, construit une flotte et édifie un empire colonial. Le voici parmi les puissants, mais il reste un parvenu. Le Japon n'est plus tout à fait asiatique, il ne devient pas pour autant occidental. En 1904-1905, sa victoire sur la Russie est accueillie avec circonspection. N'a-t-il pas attaqué Port-Arthur par surprise, sans déclaration de guerre ? En 1922, lors de la conférence de Washington, le Japon est reconnu comme puissance navale. Mais il reste voué à l'équivoque. En copiant l'Occident, il devient une puissance impériale en Corée et en Chine. Or il voudrait apparaître comme le porte-parole des Asiatiques opprimés par l'Occident.

Tout comme l'Allemagne des premières décennies du XXe siècle, le Japon développe une pensée géopolitique, incarnée principalement par le géographe Shiga Shigetaka (1863-1927). Le Japon de l'entre-deux-guerres est pris entre trois masses : la Russie (URSS), la Chine et les États-Unis. Le Japon sent que l'ours russe est trop gros pour lui, que la Sibérie est trop hostile pour être conquise (en 1938-1939, échauffourées nippo-soviétiques tournant à l'avantage des Soviétiques). La Chine, elle, s'offre comme une proie idéale : proche du Japon, elle est secouée par des déchirements multiples. En 1931, la conquête de la Mandchourie amorce l'invasion de la Chine. L'armée japonaise s'enlise dans l'énormité chinoise. Surtout l'ambition impériale du Japon en Asie rencontre l'hostilité résolue des États-Unis. Pour ces derniers, le Pacifique ne saurait être dominé par une puissance, qui serait en mesure de leur bloquer l'accès à l'Asie.

L'épreuve décisive survient en 1941. Les États-Unis suspendent leurs livraisons de pétrole au Japon. Celui-ci, déjà au bord de l'asphyxie économique, fait alors face à trois urgences : contrôler la Chine ; trouver des hydrocarbures ; mettre les États-Unis hors jeu. D'où la fuite en avant qu'est l'attaque-surprise de la base américaine de Pearl Harbor (7 décembre 1941). Pour arrêter les États-Unis, le Japon parie sur l'immensité du Pacifique et la mollesse de la démocratie américaine. L'erreur est fatale. Les îles du Pacifique font l'objet d'une conquête méthodique par les forces américaines. Le Japon est écrasé, frappé par deux bombes atomiques à Hiroshima et Nagasaki. Le 10 août 1945, le Japon capitule sans conditions. L'empereur est tout de même maintenu.

L'ambition géopolitique japonaise est vouée à l'échec. En

Asie, la proie du Japon, la Chine, est trop grosse pour lui. Entre le chaos chinois et le colosse américain, le Japon pèse peu. Après 1945, le Japon, avec l'aide de son vainqueur, les États-Unis, réalise une remarquable reconstruction : En 1979, un analyste américain, Ezra Vogel, proclame *Japan, Number One*. Mais le rêve de puissance du Japon est mort. Quelles que soient ses performances économiques, il demeure sous la protection des États-Unis. Face au Japon, l'Asie est engagée dans un développement économique spectaculaire. Dans cette mutation, le Japon est un partenaire important, mais ses voisins, la Chine d'abord, pèsent très lourd. L'ordre du Pacifique au XXIe siècle dépend fondamentalement des États-Unis et de la Chine, le Japon devant tenter d'exister entre ces deux colosses. Le Japon ne peut plus prétendre être l'égal de ces géants. Il n'a pas les atouts de la puissance suprême : capacités nucléaires, siège de membre permanent au Conseil de sécurité des Nations unies. Ni les États-Unis ni la Chine ne sont disposés à laisser le Japon retrouver le rang qu'il a tenu dans les premières décennies du XXe siècle. Pour les États-Unis, le Japon doit rester l'un de leurs points d'appui dans l'Asie-Pacifique. Quant à la Chine, elle exclut de ne pas être la première dans cette région. Enfin, les handicaps du Japon sont toujours là : c'est un archipel pauvre, surpeuplé, vulnérable ; la population vieillit.

*

* *

La mer est une dimension essentielle de la géopolitique. Elle peut protéger et elle peut isoler. La mer est l'une des clés de la puissance.

Ce que montre la comparaison entre l'Angleterre, les États-Unis et le Japon, c'est la centralité des données géohistoriques. L'Angleterre est la première à saisir pleinement l'importance de l'Océan mondial et, comme tout premier, elle est appelée à être dépassée. Les États-Unis, eux, cumulent les exceptionnalités : ils sont le laboratoire de la modernité ; ils bénéficient d'une sécurité géographique unique – tout de même de plus en plus diminuée. Le Japon, lui, appartient à une autre catégorie, celle des perdants. Quelle que soit leur énergie, ces perdants arrivent trop tard, dans un monde qui ne s'offre plus à eux.

3

Géopolitiques continentales Allemagne, Russie

Le 10 mars 1946, Karl Haushofer – qui « tout en n'étant pas le créateur du terme technique de géopolitique [...] passe à bon droit pour le principal représentant de sa forme allemande » (Haushofer) – et sa femme Martha sont retrouvés morts par leur fils Heinz dans le jardin de leur propriété. Les deux époux se sont suicidés.

Ainsi s'achève la géopolitique allemande, produit d'un cheminement amorcé au XVIIIe siècle et atteignant son apogée de la fin du XIXe siècle à la Seconde Guerre mondiale. En 1945, à l'issue de la lutte contre l'Allemagne nazie, la géopolitique est regardée par les vainqueurs comme une « science allemande », justifiant « scientifiquement » l'idéologie de l'espace vital, la volonté de conquête et de domination de Hitler.

Tout comme l'histoire de la géopolitique anglo-américaine ne se dissocie pas du destin de l'Angleterre et des États-Unis, celle de la géopolitique allemande s'inscrit dans les contradictions, les tragédies de l'Allemagne de Guillaume II, de la république de Weimar, de l'État hitlérien. La « science » de la puissance dans l'espace peut-elle être une discipline neutre, détachée des passions de ses auteurs, quels que soient leurs scrupules et leur rigueur ?

Le suicide de Haushofer, le constat de faillite de la géopolitique allemande s'inscrivent dans la défaite apocalyptique de l'Allemagne de Hitler, le 8 mai 1945.

Analyser la géopolitique allemande, c'est réfléchir sur les rapports complexes entre Ratzel et l'Allemagne wilhelminienne (I), puis entre Haushofer et l'Allemagne de Hitler (II). À côté de l'Allemagne, un colosse énigmatique s'impose comme une autre grande puissance continentale et enclavée : la Russie (III). Les histoires parallèles et entremêlées de l'Allemagne et de la Russie font pleinement saisir les limites de toute géopolitique continentale.

*

* *

I. FRIEDRICH RATZEL (1844-1904) ET L'ALLEMAGNE DE GUILLAUME II

Friedrich Ratzel (1844-1904) a pour formation non la géographie mais la pharmacie et la zoologie ; il subit l'influence d'Ernst Haeckel, inventeur du mot « écologie », discipline examinant les interactions entre les hommes et leur milieu. Ratzel est, dès sa jeunesse, imprégné d'une vision organique, évolutionniste de l'homme et de ses créations, notamment de l'État. En 1870, Ratzel, nationaliste, s'engage dans les troupes allemandes combattant la France de Napoléon III. Puis il voyage en Italie (1872) et aux États-Unis (1873). C'est en observant l'espace américain qu'il devient géographe. En 1876, Ratzel occupe la chaire de géographie de l'université technique de Munich. Il consacre sa thèse à *Die chinesische Auswanderung* [L'Émigration chinoise] ; ici se dessine son attention à la démographie, aux mouvements de population sur la planète, aux différentes formes d'invasion (*Anthropo-Geographie* [Anthropogéographie] en 1882). En

1886, Ratzel est nommé à la chaire de géographie de l'université de Leipzig.

Ratzel est profondément engagé dans les débats sur la place de l'Allemagne dans le monde. Il est membre fondateur du Kolonialverein (Comité colonial) et défend l'idée d'un empire colonial allemand. Il travaille sur l'Afrique et l'établissement de la carte de ce continent, encore très mal connu en cette fin du XIXe siècle, et que se disputent âprement les puissances européennes, avides de territoires et de débouchés. En même temps, Ratzel bâtit une œuvre théorique d'une remarquable érudition : *Studien über politische Räume* [Études sur les espaces politiques], en 1895 ; *Der Staat und sein Boden* [État et Sol], en 1896 ; et surtout *Politische Geographie* [Géographie politique. Une géographie des États, du commerce et de la guerre], en 1897. En 1898, Ratzel publie *Deutschland, Einführung in die Heimatkunde* [Allemagne. Introduction à une science du pays natal] ; ce livre, qui a un écho durable, jusqu'à la Seconde Guerre mondiale, dans l'opinion allemande, illustre le point extrême et sans doute l'équivoque de l'ambition de Ratzel : appréhender de manière « scientifique » son propre pays, dégager les « lois objectives » de son développement géographique. Où la science s'arrête-t-elle ? Où la passion commence-t-elle ?

En 1901-1902, Ratzel donne sa synthèse philosophique : *Die Erde und das Leben, Eine vergleichende Erdkunde* [La Terre et la Vie. Une géographie comparée]. « … Le géographe, dont la dernière période n'est pas sans accuser un certain mysticisme, associera de nouveau biogéographie et géographie humaine » (Michel Korinman). Selon cette vision, toutes les activités humaines sont prises dans des dynamiques vitales, biologiques, organiques, les constructions culturelles, économiques, politiques étant régies par les mêmes principes de croissance, de déclin, de décomposition que les plantes.

A. L'Allemagne de Ratzel

Pour le grand philosophe allemand Hegel, tout homme est d'abord l'enfant de son époque. Ratzel appartient à un moment de l'histoire de l'Allemagne et, au-delà, du monde. Né en 1844, il a vingt-deux ans lorsque, à la bataille de Sadowa-Königgrätz, la Prusse de Bismarck bat l'Autriche de François-Joseph et se trouve ainsi consacrée comme l'État unificateur de l'Allemagne. À vingt-six ans, Ratzel participe aux combats de la guerre franco-allemande de 1870-1871. Lorsqu'en 1873 il se rend aux États-Unis, il observe un pays vaste, vigoureux, en pleine Reconstruction à la suite de la guerre de Sécession (1861-1865). Qu'il étudie l'Amérique, l'émigration chinoise ou l'Afrique, Ratzel est de ces élites imbues de la supériorité de leur nation et de l'Europe de race blanche, mais prenant conscience de la Terre comme un espace unique. Les géopolitiques sont aussi les produits de ce formidable élargissement des cadres spatiaux par la colonisation, le chemin de fer, le bateau à vapeur ; et, dans le même mouvement, cette planétarisation du regard donne à certains Européens le sentiment de la petitesse de leurs territoires.

L'Allemagne de Ratzel, c'est-à-dire de l'ère bismarckienne (1862-1890) puis surtout wilhelminienne (1888-1918), a trois traits essentiels.

1. Une Allemagne en pleine croissance

Dans les années 1864-1871, l'Allemagne s'unifie sous la direction de la Prusse bismarckienne. En 1870-1871, sa victoire écrasante sur la France – encore perçue comme un colosse redoutable – la consacre comme la première puissance du Continent. Ce triomphe grise l'Allemagne.

Durant cette même période, la population allemande s'accroît massivement (en 1871, 41 millions d'habitants ; en 1914, 68).

À la veille de la Première Guerre mondiale, l'Allemagne est de loin le premier État industriel européen, produisant deux fois plus d'acier que l'Angleterre, et occupant le premier rang pour la chimie et l'électrotechnique.

Pour l'Angleterre, qui, dans la première moitié du XIXe siècle, dispose sur l'Europe continentale d'une formidable avance technique et économique, il y a bien, dans les années 1890-1914, un choc allemand, que souligne la série d'articles « Made in Germany » (Ernest E. Williams, 1895). Qu'il s'agisse des produits industriels et bientôt de la marine, instrument et symbole de la suprématie britannique, l'Allemagne de Guillaume II émerge comme la rivale redoutable, menaçant les positions établies de l'Angleterre victorienne.

2. **« Die verspätete Nation »** *(la nation en retard)*

L'Allemagne qu'unifie Bismarck en 1871 arrive bien tard dans un monde déjà largement occupé et partagé. L'Allemagne est « la nation en retard ».

Face à l'Angleterre, la France et la Russie, États modelés, soudés par des siècles d'obstination du pouvoir central, l'Allemagne ne devient une qu'en 1871. C'est tard, bien tard.

Dans leur conquête pour une place au soleil, l'Allemagne, ses soldats, ses commis voyageurs, ses idéologues ont le sentiment que tout, ou au moins beaucoup, a déjà été réparti : débouchés, sources de matières premières, territoires. Les États-Unis et la Russie ont d'immenses espaces à peupler et à mettre en valeur. La Grande-Bretagne, la France ont un empire colonial ; même l'Espagne, le Portugal, engagés dans un déclin pluriséculaire, gardent de vastes possessions. Et l'Allemagne, que lui reste-t-il ?

Cette frustration est d'autant plus aiguë que l'Allemagne étouffe dans ses frontières, coincée entre les ploutocraties occidentales et la multitude slave. L'Allemagne est hantée par sa vulnérabilité, par l'insuffisance de terres, de ressources, de marchés. La crise économique de 1873, après l'euphorie de la victoire sur la France en 1871, avive l'ambition d'avoir un espace d'expansion à soi.

Bismarck reste un Européen classique, nourri d'histoire. Dans les décennies 1870 et 1880, son « cauchemar » est celui d'une coalition européenne, rassemblant la France, la Grande-Bretagne et la Russie, contre l'Allemagne devenue trop puissante (tout comme l'Europe s'était unie contre la France de Louis XIV puis de Napoléon Ier). Bismarck présente l'Allemagne comme « une nation satisfaite », ayant atteint son but – l'unité – et tenant à la paix avec ses voisins.

Avec l'avènement de Guillaume II (1888), puis le départ de Bismarck (1890), le rêve allemand peut se déployer. C'est le temps de la *Weltpolitik*, de la politique mondiale. L'Allemagne, au-delà des quelques possessions acquises sous (et en dépit des réticences de) Bismarck (Sud-Ouest africain, Togo, Cameroun), a le droit à un authentique empire. Il lui faut aussi une flotte – ce qui ne saurait que susciter l'hostilité déterminée de L'Angleterre.

3. L'Allemagne, nation de la science

Le retard de l'Allemagne dans sa formation de nation se manifeste non seulement dans ses rapports avec le monde extérieur mais encore dans son système sociopolitique. L'Allemagne des années 1871-1914 se caractérise à la fois par le développement impressionnant de toutes ses ressources – industrielles, techniques, scientifiques… – et par la persistance d'archaïsmes politiques : absence d'un mécanisme de délibération collective au sein du gouvernement (du type cabinet ou conseil des ministres) ; influence de coteries ou de féodalités (aristocratie foncière, Grand État-Major…) ; inachèvement du parlementarisme et de la démocratie.

D'où, en Allemagne, l'exaspération parfois caricaturale de certains des traits essentiels de l'Europe, à la veille de la grande boucherie, la guerre de 1914-1918 : attachement pointilleux aux marques de prestige ; obsession du statut, du respect ; conscience d'une mission à accomplir… Bref, l'Allemagne se sent insuffisamment reconnue, consacrée.

Cette anxiété orgueilleuse conduit l'Allemagne à se vouloir le pays de la science, des certitudes démontrées. Elle dispose de professeurs exceptionnels, d'universités de grand renom, de sociétés savantes.

La géographie fait partie de ces disciplines qui apporteront à l'Allemagne à la fois un savoir absolu et une claire vision de sa place dans le monde : « Si l'esprit humain ne dispose pas, pour les relier fortement, d'une méthode indéformable aux fantaisies individuelles et capable de résister victorieusement à l'analyse, c'est en vain que les chercheurs entasseront patiemment des monceaux de faits : aucune science n'en sortira » (Camille Vallaux, analysant la méthode ratzélienne, 1911).

B. La géographie politique de Ratzel

Qui est fondamentalement le savant Ratzel ? Le plus éminent représentant de la géographie politique allemande, au tournant des XIXᵉ-XXᵉ siècles. Ratzel véhicule les images, les rêves de l'époque et de ses acteurs.

Toute la pensée de Ratzel repose sur « L'État comme organisme lié au sol » (chapitre 1 de *Politische Geographie* [Géographie politique]) : « La vie de l'humanité sur Terre ressemble à celle d'un être vivant : elle avance, recule, se rétracte, engendre de nouveaux rapports, défait les anciens, tout cela selon des figures qui ressemblent à celles qu'épousent les autres espèces vivantes. Des images comme marée humaine, flot humain, île humaine, île politique, isthme politique, le laissent entendre. Mais, en les utilisant, on ne pense pas au sens profond que peuvent avoir ces expressions. » La « biogéographie » de Ratzel, concevant « l'État comme forme d'extension de la vie à la surface de la Terre », est bien un produit de ces années 1890-1914. Le scientisme du milieu du XIXe siècle – selon lequel la science donne un instrument d'explication totale du monde à l'homme et peut faire de lui l'égal de Dieu – est en crise. Il faut donc chercher des schémas mettant en lumière les correspondances, les interactions entre l'univers naturel et l'univers humain.

Le Britannique Herbert Spencer (1820-1903) s'empare de l'œuvre de son compatriote Darwin (1809-1882) sur la sélection naturelle pour définir un « darwinisme social », selon lequel, tout comme les espèces dans la nature, les hommes, les peuples, les États seraient engagés dans une perpétuelle lutte à mort, les plus forts imposant leur loi.

1. Les thèmes directeurs de la géographie politique de Ratzel

Ratzel souhaite « répondre aux préoccupations des dirigeants de l'appareil d'État prussien, déçus par les géographes universitaires. Il leur propose une solution où science et politique ne s'excluraient pas mutuellement et veut jeter les bases d'une *technologie spatiale* du pouvoir d'État. La géographie politique doit devenir un outil pour les dirigeants, qui apprendront, en revanche, à l'instrumentaliser » (Michel Korinman).

a) L'État et le sol

« L'État subit les mêmes influences que toute vie [...]. L'homme n'est pas concevable sans le sol terrestre, non plus que la plus grande œuvre de l'homme sur Terre : l'État » (Ratzel). Pour exister, l'État doit s'enraciner, se développer dans l'espace.

D'un côté, tout État obéit à une dynamique organique, vise à « s'assurer une vie indépendante », à avoir la maîtrise des ressources (matières premières, techniques...) dont il a besoin pour se maintenir. De l'autre côté, tout État peut à tout moment perdre (ou être privé) des éléments de cette totalité organique et être « réduit à l'état d'organe ».

Ratzel cite l'exemple de l'Égypte dans l'Empire romain : l'Égypte, enfant du Nil, entité autosuffisante et impériale sous les pharaons, n'est plus, sous la domination de Rome, qu'une colonie fournissant le blé qui, en nourrissant le peuple de Rome, garantit que ce dernier ne se révoltera pas contre l'empereur !

b) La croissance spatiale des États

« Il est dans la nature des États de se développer en compétition avec les États voisins, l'enjeu consistant la plupart du temps en territoires. » D'où la lutte pour l'espace *(Kampf um Raum)*, la revendication de « l'espace vital » (*Der Lebensraum*, selon le titre d'un ouvrage publié par Ratzel en 1901).

Dans cette réflexion sur la croissance des États, Ratzel mobilise toute son érudition. Cependant, à travers l'ensemble de ses travaux, trois repères :

– *La Chine et les migrations de la population chinoise*. « La mobilité (*Beweglichkeit*) est une qualité essentielle du peuple en vie, propre à toutes les nations, même à celles qui sont apparemment au repos » (Ratzel). L'émigration chinoise est l'exemple d'une colonisation pacifique, modeste mais d'autant plus forte qu'elle s'opère par la charrue et le commerce.

– *Les États-Unis*. Ratzel, notamment par son séjour aux États-Unis en 1873, est fasciné par la conquête de l'Ouest, appropriation vigoureuse par des vagues d'immigrants de terres nouvelles. Pour Ratzel comme pour nombre de ses contemporains européens, les États-Unis, par leur taille, la diversité de leurs richesses, représentent le prototype de l'État du futur, se développant sur des espaces immenses. L'avenir appartient aux États-continents, seuls adaptés à l'avènement d'un système planétaire.

– *Le Royaume-Uni*. La formidable expansion coloniale, industrielle, commerciale de la petite Angleterre ne saurait qu'être longuement étudiée par Ratzel, géographe allemand sensible à l'enclavement, aux frontières insatisfaisantes de son pays. « Être ouvert à toutes les stimulations, tout en restant capable de les élaborer à l'abri d'une entité fermée, voilà la garantie d'une croissance qui atteindra la perfection. Cela vaut pour les organismes, les peuples, les individus, ils atteignent leur maturité lorsque ouverture et appropriation coïncident. » Telle est, pour Ratzel, la clé de la puissance britannique : protégée par son insularité, et proche de l'Europe, l'Angleterre se déploie sur tous les océans, conquiert des continents (Amérique du Nord, Inde, Australie, Afrique australe), tout en demeurant elle-même.

2. *Ratzel et l'Allemagne*

Ratzel, comme nombre d'intellectuels « engagés » – tant allemands que français, britanniques, russes, américains… – de cette époque, ne cesse de s'interroger sur son pays, son identité, sa position dans le monde. Comme tout grand professeur, il rêve, peut-être avec naïveté, d'être le conseiller du prince, celui qui aidera à la formulation de la juste politique.

Cette ambition est d'autant plus forte que, pour Ratzel, et pour beaucoup d'éléments des élites allemandes, l'Allemagne n'a pas atteint la « perfection géographico-politique » qu'auraient le Royaume-Uni, la France ou les États-Unis. Pourquoi cette imperfection ?

– L'Allemagne est « polymorphe », associant les Alpes, des montagnes moyennes et enfin la plaine du Nord, voie pluriséculaire d'invasion, pénétrée tant par les légions romaines que par les hordes asiatiques ou les soldats français. Plus encore que la Chine, l'Allemagne est « l'empire du Milieu », enclavé au centre de l'Europe, menacé tant par l'Ouest que par l'Est, et ne pouvant survivre que par la colonisation patiente (à l'image de celle des paysans chinois) de ses marches ; d'où, par exemple, la germanisation des Polonais se trouvant dans les territoires annexés par la Prusse, ou des Alsaciens-Lorrains à la suite de la victoire de 1871.

– L'Allemagne doit être une puissance mondiale *(Weltmacht)*. « Aujourd'hui [c'est-à-dire au tournant des XIXe-XXe siècles], pour qu'une puissance soit mondiale, il faut qu'elle soit présente dans toutes les parties de l'univers connu et, en particulier, à tous les emplacements stratégiques. » D'où la revendication lancinante, dans la politique de Guillaume II puis de Hitler, de « compensations », auxquelles aurait droit l'Allemagne pour pleinement se développer.

– Enfin, l'Allemagne unifiée par Bismarck ne regroupe pas tous les Allemands, et d'abord ceux d'Autriche. Lors de la révolution de 1848, d'âpres débats opposent partisans de la grande Allemagne *(Grossdeutschland)*, réunissant tous les territoires de culture et de langue germaniques, et partisans de la petite Allemagne *(Kleindeutschland)*, écartant notamment l'Autriche. Bismarck, réaliste, opte pour la petite Allemagne et, par la victoire, en 1866, de la Prusse sur l'Autriche, pousse cette dernière hors d'Allemagne. Mais le rêve d'un seul État pour tous les Allemands continue de hanter l'Allemagne ; il inspire la Ligue pangermaniste – créée en 1891, et présidée un temps par Ratzel – et nourrit en particulier le programme hitlérien (en 1938, *Anschluss* – annexion de l'Autriche –, puis obtention sur la Tchécoslovaquie des Sudètes).

Ratzel meurt en 1904. Or c'est en ce début de XXe siècle que s'amplifie le heurt des ambitions des puissances européennes : défi de l'Allemagne (programme du grand amiral Tirpitz) à la suprématie maritime de la Grande-Bretagne ; rivalités franco-allemandes pour le contrôle du Maroc (coup de Tanger en 1905 ; incident d'Agadir en 1911).

3. Les géographes allemands et la Première Guerre mondiale

Pour des géographes, soucieux de dégager les relations « objectives » entre espace et puissance, la guerre fournit le meilleur des terrains d'analyse. Elle met en lumière les contraintes et les atouts de la géographie. De plus, l'analyse géographique doit apporter au militaire, au politique, une connaissance « scientifique » des espaces, de leurs articulations. Les intuitions du stratège peuvent être vérifiées – soit confirmées, soit approfondies, soit démenties – par les études méthodiques du géographe, dégageant la valeur réelle de telle ou telle donnée naturelle (fleuves, chaînes montagneuses, plateaux…), et exploitant ainsi au maximum ses propriétés.

Tout au long des hostilités, la revue allemande de géographie, *Geographische Zeitschrift*, propose des analyses de l'évolution des opérations. Mais l'approche ne s'éloigne guère de la géographie physique, et ne va pas au-delà de la description des facteurs naturels, de leurs incidences. En particulier, les ennemis de l'Allemagne ne sont jamais perçus comme des acteurs, avec des intentions, des réactions, des capacités d'adaptation face aux manœuvres des armées allemandes. Aucune vision stratégique ne saurait émerger.

De plus, le rêve de certains géographes de devenir les conseillers des décideurs tourne court. Ainsi le géographe Joseph Partsch explique-t-il au premier quartier-maître général Ludendorff ce que les généraux allemands doivent faire ; la réaction de Ludendorff est nette : il ne s'agit que de « savoir professoral » *(Professorenweisheit)*. « Vous voyez, nous n'affrontons pas seulement nos ennemis », aurait conclu Ludendorff.

II. KARL HAUSHOFER (1869-1946) ET L'ALLEMAGNE DE 1918 À 1945

Peut-être Karl Haushofer est-il le géopoliticien le plus célèbre… Or cette renommée est à nouveau indissociable de l'histoire de l'Allemagne, de son caractère exceptionnellement violent et tragique durant ces vingt-sept ans qui vont de la défaite de 1918 à l'apocalypse de 1945.

A. Haushofer, un Allemand dans le siècle

1. De 1869 à 1933

Karl Haushofer naît à Munich en 1869. Son milieu familial est celui de la bourgeoisie intellectuelle allemande.

À dix-huit ans, en 1887, Haushofer entame son premier parcours, celui d'officier de carrière, et cette dernière ne présente rien de remarquable. En 1896, Haushofer épouse Martha Mayer-Doss, qui sera une compagne exceptionnelle, soutenant son mari lors de ses nombreuses maladies et dépressions, l'aidant dans ses réflexions.

De 1908 à 1910, Haushofer est en mission diplomatique en Extrême-Orient ; ses impressions du Japon et de la Mandchourie ne cesseront d'alimenter ses travaux. En 1912, lors d'une convalescence, Haushofer, poussé par sa femme, écrit, sur le Japon, son premier livre : *Dai Nihon* ; en 1919, il consacre sa thèse aux *Orientations fondamentales dans le développement géographique de l'Empire japonais, 1854-1919*.

Lors de la Grande Guerre de 1914-1918, Haushofer participe à de durs combats tant sur le front de l'Ouest que sur ceux de l'Est. Haushofer est de ces officiers pour lesquels cette expérience de sang et d'acier épanouit des vertus de courage, de fraternité, qui demeurent enfouies en période de paix. En même temps, le projet intellectuel de Haushofer prend forme. Il lit *L'État comme forme de vie* [*Staten som lifsform*, 1916], de Rudolf Kjellen, juriste suédois germanophile et inventeur, en 1900, du terme « géopolitique » : « C'est la science de l'État en tant qu'organisme géographique, tel qu'il se manifeste dans l'espace. L'État en tant que pays, en tant que territoire ou de manière plus significative en tant qu'empire. » Désormais, pour Haushofer, « la géopolitique est bien le but final, mais qui trouvera seulement un beau nom pour elle, un nom qui soit allemand » (19 mai 1917). Haushofer, convaincu qu'en 1914-1918 l'Allemagne subit une guerre visant son anéantissement, veut une Allemagne grande puissance mondiale.

Au lendemain de la défaite de 1918, Haushofer, quinquagénaire, multiplie les activités : professeur d'enseignement supérieur en géographie ; créateur et animateur de la revue de géopolitique, *Zeitschrift für Geopolitik* ; conférencier, notamment au service de la politique du *Volkstum*, c'est-à-dire de la communauté allemande dans son ensemble, au-delà des frontières de l'État allemand. Tout au long des années vingt et trente, Haushofer est omniprésent par une production multiforme (articles, comptes rendus…). De 1919 à 1939, il s'impose comme une autorité intellectuelle, d'abord auprès de ses étudiants.

2. De 1933 à 1946

Le 30 janvier 1933, Hitler est nommé chancelier du Reich. Or, le 4 avril 1919, Haushofer a fait la connaissance de Rudolf Hess, alors âgé de vingt-quatre ans. Entre les deux hommes s'établit une relation très forte, presque de père à fils. Hess est l'un des très proches de Hitler, qui n'est alors qu'un agitateur dans des années très agitées. Par Hess, Haushofer rencontre – une dizaine de fois, semble-t-il – Hitler entre 1922 et 1938 (en particulier lorsque Hitler, à la suite de l'échec de sa tentative de putsch à Munich, est interné dans la prison de Landsberg, en 1924, et dicte à Hess, son secrétaire particulier, *Mein Kampf* [Mon Combat]). Il ne reste aucune trace des conversations entre celui que Hess appelle déjà « mon Führer » et le fondateur de la géopolitique allemande.

La position de Haushofer dans l'Allemagne nazie illustre bien les contradictions que rencontre tout intellectuel face à un régime qui ne tolère aucune déviation de pensée. D'un côté, pour Haushofer, hanté par la grandeur de l'Allemagne et la défaite de 1918, Hitler, au moins jusqu'en 1939, incarne une Allemagne ordonnée, respectée, rassemblant la communauté allemande (annexion de l'Autriche, obtention des Sudètes tchécoslovaques), mettant fin aux iniquités du « diktat » de Versailles et faisant plier ses anciens ennemis, la Grande-Bretagne et la France. De l'autre côté, l'univers mental de Haushofer est celui de l'Allemagne wilhelminienne, aristocratique, bourgeoise et attachée aux hiérarchies. Haushofer appréhende-t-il, comprend-il le système hitlérien, sa violence plébéienne, son radicalisme révolutionnaire, son fanatisme antisémite et raciste ?

Haushofer apparaît comme en marge de l'Allemagne hitlérienne. Haushofer ne sera jamais membre du parti nazi. Dans les premières années du IIIe Reich (1933-1936), Haushofer occupe des responsabilités majeures dans les actions visant les Allemands de souche *(Volksdeutsche)* habitant hors des frontières de l'État allemand. Mais Haushofer se trouve grignoté, déstabilisé par la volonté de contrôle de l'appareil nazi ; Haushofer appartient au « nationalisme conservateur », brutalement périmé par l'hitlérisme qui, lui, est déterminé à ne reculer devant aucun moyen pour l'emporter. L'épouse de Haushofer, dont le père est « non-aryen », est menacée par les lois racistes de Nuremberg ; mais Hess protège la famille Haushofer. Puis le travail intellectuel de Haushofer est, à son tour, touché par la censure (en particulier, interdiction en 1939 de son livre *Les Frontières*, cet ouvrage soulevant la question de la population allemande du Tyrol du Sud, région rattachée en 1919 à l'Italie… principale alliée, sous Mussolini, de l'Allemagne hitlérienne).

À partir de l'éclatement de la guerre en 1939, Haushofer, alors septuagénaire, est un témoin impuissant, désemparé, se repliant sur ses recherches.

La revue de Haushofer, *Zeitschrift für Geopolitik*, s'enfonce dans une difficulté insurmontable : comment conduire des analyses « neutres », « scientifiques », dans un État à la fois en guerre et tenu par un régime totalitaire ? Les options sont claires : soit le ralliement au nazisme, soit l'arrêt de la publication, soit la résignation. En fait, la revue s'efforce de concilier l'inconciliable : la poursuite de travaux plus ou moins indépendants et, en même temps, la fourniture de raisonnements justifiant les conquêtes hitlériennes.

Puis, pour Haushofer et sa femme, commence la descente aux enfers. À la suite de l'attentat contre Hitler, le 20 juillet 1944, Haushofer, suspecté de complicité, est arrêté et détenu par la Gestapo du 28 juillet au 31 août 1944. Or Haushofer condamne clairement le geste du colonel von Stauffenberg. Quant à son fils Albrecht, qui, lui, est parmi les conspirateurs du 20 juillet, il est pris par la Gestapo en décembre 1944 et exécuté en avril 1945. Avec la capitulation sans conditions de l'Allemagne hitlérienne (8 mai 1945), Haushofer est arrêté par les forces américaines et subit l'interrogatoire auquel sont soumis tous ceux étiquetés comme nazis.

Un suicide ne s'explique pas ; il exprime l'énigme qu'est tout homme – pour les autres et pour lui-même. En ce qui concerne Haushofer et sa femme, ils sont bien, le 10 mars 1946, au bout de la route. Quel regard, à l'instant de son suicide, Haushofer porte-t-il sur son œuvre, son éventuelle influence sur l'effondrement de l'Allemagne, les responsabilités des intellectuels dans le désastre ? La mort emporte avec elle ce secret.

B. La géopolitique de Haushofer

La géopolitique allemande est d'abord l'enfant de la défaite de 1918, du « diktat » de Versailles. Pour les savants allemands, et donc pour les géographes, il s'agit toujours d'élaborer les outils d'un savoir adapté, qui aideront l'Allemagne à obtenir la place en Europe et dans le monde à laquelle elle a droit. Il faut dépasser « la géographie politique » de Ratzel et lui substituer « la géopolitique ». Selon la distinction de Haushofer, la géographie politique s'interroge sur la distribution du pouvoir étatique dans l'espace, ainsi que sur son exercice dans cet espace, tandis que la géopolitique a pour objet « l'activité politique dans un espace naturel » *(« politische Lebensform im natürlichen Lebensraum »)*. La géographie politique observe « les formes de l'être étatique », tandis que « la géopolitique, elle, s'intéresse aux processus politiques du passé et du présent » (Hermann Lautensach, 1928).

1. Continuités et évolutions, de Ratzel à Haushofer

À la suite de Ratzel et des géographes allemands, Haushofer reformule la même interrogation : quelle juste place pour l'Allemagne dans le monde ? Tandis que Ratzel est marqué par la victoire « incomplète », « inachevée », de 1871, Haushofer, lui, ne saurait raisonner qu'à partir du traumatisme au lendemain duquel s'épanouit son ambition de bâtisseur d'une discipline : la défaite de 1918. Trois préoccupations guident la démarche de Haushofer.

a) La notion d'espace vital demeure centrale, pour un homme qui est très sensible aux densités démographiques, qui n'admet pas les injustices du traité de Versailles et qui, durant de nombreuses années, s'occupe des minorités allemandes hors d'Allemagne. Pour Haushofer, l'espace culturel allemand doit retrouver son unité, son aire d'expansion naturelle étant l'Europe centrale.

b) Une attention aux dynamiques de constitution de grands ensembles (« pan-idées », comme le pangermanisme, le panslavisme, le panasiatisme). Ici, Haushofer est doublement représentatif des réflexions de son époque (schématiquement : l'entre-deux-guerres).

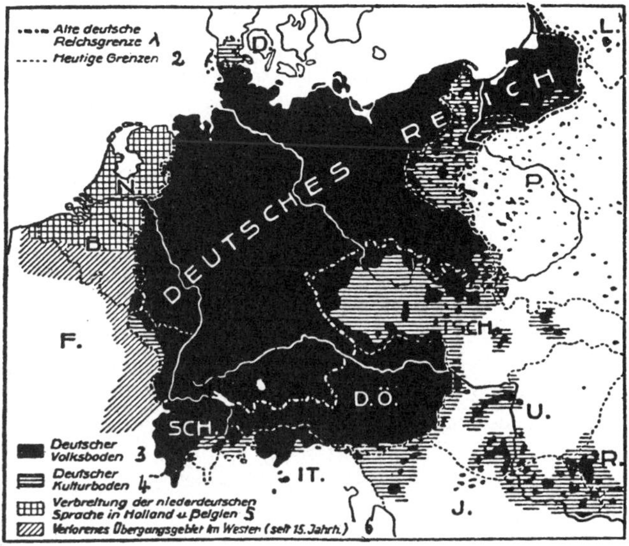

Nr. 1 Das Deutschtum in Mitteleuropa

FIG. 1. LA GERMANITÉ EN EUROPE CENTRALE
(Karl HAUSHOFER, *Weltpolitik von heute,* 1934)

1. Anciennes frontières allemandes du Reich
2. Frontières actuelles
3. Sol ethnique allemand
4. Sol culturel allemand
5. Extension de la langue bas-allemande en Hollande et en Belgique
6. Zone de transition à l'ouest, perdue depuis le XVe siècle

Source : *Hérodote*, n° 14-15, 1979.

– Pour Haushofer, hanté par l'enclavement, la petitesse de l'Allemagne, l'avenir appartient aux grands ensembles, soudés par un principe commun. D'où, à l'échelle tant des continents que de la planète, de vastes conflits où s'affrontent ces forces unificatrices. Tandis que l'Empire britannique est appelé à être disloqué par les « pan-idées » australienne et indienne, l'URSS et les États-Unis prennent appui sur ces « pan-idées », « l'une, l'URSS, sur les idées panasiatique et eurasiatique, l'autre, les États-Unis, sur les idées panaméricaine et panpacifique ». Cette thématique des grands ensembles territoriaux (s'opposant au libéralisme mondialiste des États-Unis) se retrouve chez les puissances de l'Axe (Allemagne et Japon), en quête d'autosuffisance spatiale : le Japon de la Seconde Guerre mondiale se veut le cœur d'une « sphère de coprospérité asiatique » ; l'Allemagne hitlérienne lance, la première, l'idée d'une « communauté économique européenne », bien évidemment centrée sur elle (entre 1940 et 1944, publications et déclarations notamment de Funk, ministre de l'Économie du IIIe Reich et président de la Reichsbank, ou de Hunke, porte-parole de l'industrie allemande).

– Tout comme Ratzel, Haushofer, peut-être imprégné des textes sur « le déclin de l'Occident » (Oswald Spengler, 1916), s'interroge sur les mouvements des peuples colonisés. Les colonies sont à la fois ce qui fait la force – et peut-être la vulnérabilité – du modèle haï (le Royaume-Uni et son empire) et ce dont l'Allemagne a été privée.

Il y aurait, chez les géographes allemands, un « tiers-mondisme ratzélien » (Michel Korinman), c'est-à-dire le sentiment d'un lien spécifique entre l'Allemagne et les peuples colonisés, rapprochés par le poids écrasant des impérialismes anglo-américains, la revendication d'un monde enfin « juste ». Ce rêve d'un front commun de l'Allemagne et des peuples opprimés contre les puissances établies se traduit, dans la politique allemande, par des initiatives ponctuelles (par exemple, au temps de l'Empire ottoman, le célèbre chemin de fer *Bagdadbahn*, commencé en 1903, et devant relier Berlin à Bagdad par Istanbul et contribuer à matérialiser le rêve oriental de Guillaume II ; en 1941, soutien au gouvernement nationaliste antibritannique en Irak ; en 1942, accueil du grand mufti de Jérusalem en lutte contre le sionisme, analysé à Berlin comme l'instrument de la Grande-Bretagne au Proche-Orient). L'Allemagne, coincée en Europe, définitivement exclue du partage colonial par la défaite de 1918, briserait son encerclement en contribuant à la destruction de l'immense ceinture coloniale, allant de l'Afrique à l'Asie du Sud-Est.

c) Puissance continentale, puissance maritime. Parmi les inspirateurs de Haushofer figure évidemment Mackinder, qui regarde le *heartland* comme « le pivot géographique de l'histoire ». Or, en 1940, au lendemain de la signature du pacte germano-soviétique Ribbentrop-Molotov (23 août 1939), Haushofer peut croire que le « cauchemar » de Mackinder – l'exclusion des puissances maritimes (Grande-Bretagne, États-Unis) de l'Île mondiale – se réalise : « Incontestablement, le plus grand et le plus important changement dans la politique mondiale de notre temps est la formation d'un puissant bloc continental englobant l'Europe, le Nord et l'Est de l'Asie » (Haushofer, 1940). En fait, ce bloc n'est qu'un édifice sans substance : le Japon, signataire avec l'Allemagne et l'Italie du pacte anticommuniste Antikomintern (25 novembre 1936), est furieux de l'alliance entre Berlin et Moscou, et se venge en concluant avec Moscou un traité de neutralité le 13 avril 1941. Deux mois plus tard, l'Allemagne hitlérienne attaque l'Union soviétique (toute possibilité d'action conjointe avec l'armée nippone en Asie continentale étant exclue du fait du traité d'avril 1941 et de la claire volonté de Tokyo de rester l'arme au pied face à l'ours soviétique).

Par ailleurs, la géopolitique haushofériennne – comme nombre d'autres réflexions menées à cette époque en Europe, en particulier en France – ignore ou au moins sous-estime les États-Unis. Des années 1919-1920 (non-ratification par le Congrès des États-Unis du traité de Versailles) à 1941 (entrée dans la guerre des États-Unis, à la suite de l'attaque-surprise de Pearl Harbor par le Japon), les États-Unis sont souvent perçus en Europe comme un continent exotique, enfermé dans son isolationnisme et s'enfonçant déjà dans la décadence sous l'effet dissolvant de l'individualisme et du capitalisme. Aux yeux de Hitler, les États-Unis sont une ploutocratie enjuivée, n'ayant pas le sens de la guerre. Le krach d'octobre 1929 ne montre-t-il pas que l'Amérique est finie ? Le raisonnement de Haushofer se veut scientifique, moderne, mais, en se focalisant sur l'espace, n'oublie-t-il pas que cet espace, ses clivages, ses significations sont sans cesse redéfinis, remodelés par l'homme ? De même, peut-être en raison de sa formation militaire, Haushofer apprécie-t-il bien ce qui, finalement, se révèle être l'atout décisif : les ressources industrielles, financières, scientifiques et surtout la capacité de les mobiliser, de les organiser, de les renouveler ? Dans le combat à mort qui, lors de la Seconde Guerre mondiale, oppose les puissances de la mer (Grande-Bretagne, États-Unis) à l'une des puissances du *heartland* (Allemagne hitlérienne), les États-Unis cumulent au moins trois avantages : l'invulnérabilité de leur territoire, éloigné des champs de bataille ; leur extraordinaire aptitude à mettre en place, en un temps record, une production de masse de bateaux, d'avions, de tanks ; enfin, et c'est tout de même capital, l'existence de deux alliés à la lisière ou même à l'intérieur du *heartland* (Grande-Bretagne et Union soviétique). L'Allemagne hitlérienne prouve, elle aussi, une remarquable énergie à s'approprier et exploiter toutes les richesses de l'Europe (matières premières, usines, hommes), et elle n'est abattue qu'à l'issue de près de six ans de combats féroces par une formidable coalition !

2. La géopolitique haushoférienne, science nazie ?

L'opprobre qui frappe la notion de géopolitique à l'issue de la Seconde Guerre mondiale résulte de la conviction qu'il s'agit d'une science nazie, d'un appareil de concepts ayant servi à justifier les ambitions hitlériennes. Qu'en est-il en fait ?

a) La géographie politique de Ratzel puis la géopolitique de Haushofer constituent bien des composantes importantes du climat intellectuel et moral de l'Allemagne des années 1890-1945. En particulier, les enseignements, les articles, les livres de Haushofer nourrissent nombre de jeunes gens liés au nazisme (et d'abord Rudolf Hess) ou le rejoignant une fois Hitler au pouvoir. De même, la revue de Haushofer, *Zeitschrift für Geopolitik*, ne saurait échapper aux tensions, aux rivalités entre nationalistes conservateurs et nazis.

Quant à Haushofer, il est évidemment enthousiasmé, fasciné par Hitler et la remontée qu'accomplit l'Allemagne à partir de 1933. Tout au long des années 1933-1940, Haushofer est un conférencier très invité ; la géopolitique est enseignée dans les universités et les écoles supérieures.

Plus largement, l'Europe de l'entre-deux-guerres est déchirée par des passions extrêmes, violentes ; luttes entre idéologies (libéralisme démocratique, communisme soviétique, fascismes, nazisme) et conflits entre nations se mêlent, se combinent ou s'opposent. Comment la géopolitique pourrait-elle ne pas être engagée, quelles que soient les intentions de ses spécialistes ?

b) Pourtant, il y a malentendu ou incompréhension tragique entre la démarche hitlérienne et la démarche géopolitique.

– Comme le confirment tous les témoignages sur Hitler, celui-ci est convaincu d'avoir une mission : faire de l'Allemagne la première puissance de la planète, assurer le triomphe de la race aryenne, détruire les bolcheviks et les Juifs, bâtir une société radicalement nouvelle. Mais Hitler a-t-il une vision géopolitique ? Certes, il veut rassembler tous les Allemands dans un même cadre politique, disposer pour l'Allemagne d'un espace vital, principalement par l'expansion vers l'Est, en s'emparant de la Pologne et en anéantissant son principal ennemi, l'Union soviétique. Cela ne signifie pas que Hitler ait et cherche à avoir une approche cohérente, rationalisatrice de l'espace. Si Hitler est obsédé par l'Est, c'est parce qu'il y voit d'immenses ressources (blé, charbon, pétrole...) et qu'il *doit* effacer la vermine marxiste-léniniste de la surface de la terre. À ses propres yeux, Hitler est le prophète, l'accoucheur d'une révolution – la « révolution du nihilisme », selon la formule de Hermann Rauschning. Hitler, lecteur hâtif de Ratzel, interlocuteur (attentif ?) de Haushofer, ne retient de la géopolitique que ce qui va dans son sens ; n'est-il pas le Führer, le guide ? À sa manière, Haushofer résume le malentendu : « Je n'ai pas eu *Mein Kampf* sous les yeux avant que le premier livre eût été imprimé, et j'ai refusé d'en rendre compte, estimant qu'il n'avait rien à faire avec la géopolitique » (*Apologie de la géopolitique allemande*, en fait les réponses à l'interrogatoire de 1945).

– Tandis que Hitler est guidé par une idéologie totalitaire dont il est le seul porte-parole légitime, Haushofer se considère comme un savant, bâtisseur d'une discipline anidéologique, fondée sur la stricte analyse des faits. Mais où l'idéologie commence-t-elle, finit-elle ? Se poser en lecteur rigoureux de la réalité, n'est-ce pas être prisonnier de présupposés inconscients ? Haushofer, dont la vie est inséparable de son épouse à demi juive, est certes imprégné de l'antisémitisme ambiant, mais peut-il adhérer à une politique dont la logique conduit à exclure sa femme et les enfants qu'elle a eus de lui ?

L'intellectuel rêve d'être le conseiller du prince, mais le prix à payer est toujours terrible : la perte de ce qui fait la spécificité du penseur, cette capacité à concevoir et à formuler des idées, tout en sachant que leur éventuelle mise en œuvre peut être en totale opposition avec ce qu'avait imaginé ce penseur.

Mais Haushofer n'a pas été le conseiller de Hitler ; et Hitler pouvait-il supporter un authentique conseiller ?

Une science de l'action, expliquant aux hommes ce que la réalité exige d'eux, est-elle possible ? Une telle science suppose que l'homme comprenne « objectivement » cette réalité ; or il n'appréhende et n'appréhendera toujours cette réalité qu'à travers son point de vue, sa subjectivité.

Et si l'Allemagne hitlérienne l'avait emporté dans la Seconde Guerre mondiale, la géopolitique allemande aurait-elle eu raison ? Sans doute non. Tout d'abord, l'empire hitlérien se serait étendu à toute l'Europe et aurait ignoré les « lois » de la géopolitique, soucieuses d'articuler emprise territoriale et enracinement humain. Dans cet empire, les Allemands auraient été les seigneurs gouvernant des masses asservies et décervelées. Ensuite, la géopolitique elle-même n'aurait alors été qu'une science nazie ; Hitler, ayant écrasé ses ennemis, n'aurait-il pas été consacré définitivement comme un dieu vivant, porteur de la vérité ? Comme Staline à son apogée (1945-1953) cautionnant la biologie « prolétarienne » de Lyssenko contre celle « bourgeoise » de Mendel, Hitler serait devenu le Savant suprême.

La géopolitique est allemande, dans la mesure où jamais peut-être dans l'histoire une discipline n'a été autant emportée par le destin d'un peuple. La tragédie de la géopolitique allemande illustre une interrogation permanente : une branche du savoir, portant sur l'homme en tant qu'être culturel – c'est-à-dire inventeur de mots, d'idées, de raisonnements –, peut-elle être une science, isolant des lois valables pour tous les lieux et tous les temps ? Ratzel et Haushofer ne furent pas et ne pouvaient pas être des savants dans leur laboratoire. Leur discipline même les contraignait à de perpétuels tiraillements entre la réflexion et la confrontation avec le siècle. Haushofer, en voulant prendre mieux en considération que Ratzel les dynamiques humaines, s'éloignait en même temps d'un idéal scientifique de neutralité, de permanence. Les savoirs sur les hommes peuvent-ils être réduits, identifiés à des savoirs sur les choses ?

III. LA RUSSIE

A. Allemagne et Russie

Dans une perspective géopolitique, l'Allemagne et la Russie ont au moins trois éléments de ressemblance : leur territoire est enclavé ; ce sont des pays « entre » : l'Allemagne « entre » l'Europe occidentale et l'Europe orientale, la Russie « entre » l'Europe et l'Asie ; enfin les deux peuples apparaissent comme des perturbateurs trouvant difficilement leur place dans l'ordre établi. Pourtant Allemagne et Russie présentent des différences géohistoriques radicales.

– L'Allemagne est au cœur de l'Europe. Ses déchirements – en particulier religieux – sont pris dans ceux de l'Europe. Cette Europe se caractérise par un excès de puissance, avec des guerres quasi permanentes, utilisant souvent l'Allemagne comme champ de bataille. L'Allemagne, du Moyen Âge au XIXe siècle, émerge comme un espace culturel aux structures politiques morcelées, coiffées par le Saint Empire romain germanique.

– La Russie est en marge de l'Europe. Son univers religieux, l'orthodoxie, se rattache à Byzance. La Russie devient européenne, avec Pierre le Grand, au début du XVIIIe siècle. La Russie est l'enfant d'une obstination politique, celle de la Moscovie et de ses tsars étendant leur pouvoir vers l'ouest, le sud et l'est. La Russie subit des invasions

(Mongols, Charles XII, Napoléon Ier, Hitler), son territoire n'en est pas moins immense et largement vide, du fait, notamment, de la dureté du climat.

Du milieu du XIXe siècle à la fin du XXe siècle, l'Allemagne parcourt un cycle géopolitique. Son unification par Bismarck en 1871 en fait la perturbatrice de l'Europe. Là où il y avait fragmentations et affrontements, surgit un colosse, qui revendique son espace vital entre les puissances établies : Autriche, France, Angleterre, Russie… À l'issue des deux guerres mondiales, l'Allemagne finit par être domptée : elle est ramenée à l' « année zéro » par les bombardements, mise sous tutelle et temporairement divisée entre les deux blocs, occidental et soviétique. Une nouvelle Allemagne naît, déjà à l'ouest : démocratique, fédérale, prospère, ancrée dans les organisations atlantiques et européennes. En 1990, à la suite de l'effondrement du camp soviétique, l'Allemagne est réunifiée dans les frontières tracées en 1945.

La question allemande, qui hante l'Europe de la seconde moitié du XIXe siècle et de la première moitié du XXe, peut être considérée comme réglée : la « nouvelle » Allemagne est inscrite dans l'ordre européen ; nation parmi d'autres, elle n'est plus une perturbatrice.

La question russe, elle, se pose toujours. La Russie peut-elle trouver sa place et son rôle dans le système mondial post-Est-Ouest ? Or la Russie est marquée par un rêve géopolitique : l'eurasisme. L'eurasisme appartient-il au passé ou a-t-il un avenir ?

B. L'exception russe

Que de facteurs se cumulent dans la géohistoire de la Russie, pour la convaincre qu'elle est à part !

– La Russie se fait dans une immensité hostile, entre l'Europe et l'Asie, entre les grandes aires de civilisation (Europe, Moyen-Orient, Inde, Chine). Elle est bien « L'empire des steppes » de René Grousset.

- La Russie est bâtie par des tsars : Ivan le Terrible, Pierre le Grand, et aussi Lénine et Staline, conscients du retard de la Russie, et voulant exploiter ce retard pour faire de cette terre arriérée un État à part. D'où des méthodes d'une brutalité inouïe : assassinats, déportations, servage..., que la population accepte au nom d'une mission quasi divine qui incomberait à la Sainte Russie : être le témoin de Dieu sur terre.

– Tout un courant de la culture russe, le slavophilisme (ainsi Dostoïevski, Soljenitsyne), est persuadé de l'élection de la Russie. La Russie est la Troisième Rome, la vraie Rome, succédant à la Rome corrompue des papes et à Byzance conquise par les Ottomans. Le retard, la pauvreté, le malheur de la Russie garantissent son authenticité : elle n'est pas corrompue par la modernité occidentale, elle est la nation de Dieu. Les soixante-quatorze ans de communisme (1917-1991), même s'ils s'achèvent dans la débâcle et la dissolution de l'Union soviétique, paraissent confirmer cette exception de la Russie, patrie de l'utopie marxiste-léniniste.

C. L'eurasisme

La doctrine eurasienne est formulée en 1921 par un groupe d'émigrés russes dans un recueil *Exode vers l'est*. L'Eurasie « est un monde à part, distinct des pays situés à l'Ouest et de ceux situés au Sud et au Sud-Est [...]. La Russie occupe la plus grande partie de l'espace eurasien qui n'est pas divisé entre deux continents, mais en forme un troisième, un continent indépendant qui n'a pas seulement un sens géographique [...]. La conception eurasienne signifie un refus résolu de l'eurocentrisme [...], le refus de l'approche universaliste de la culture » (Staviski, 1921, cité par Françoise Thom, « La Russie et l'Europe : l'Eurasisme et le néo-eurasisme » dans *La Grande Europe*, Vrin, 1994).

L'eurasisme ne fait que reformuler une aspiration profonde de la culture russe. La Russie est à part, elle doit exalter cette spécificité.

Cette revendication de spécificité est d'autant plus profonde que l'histoire de la Russie peut être racontée comme une succession de modernisations ou d'occidentalisations ratées. Au début du XVIIIe siècle, Pierre le Grand veut faire de la Russie un État européen, mais ses méthodes (recours massif à des immigrants allemands, fonctionnarisation ou militarisation de la noblesse, servage) enferment un peu plus la Russie en elle-même. Le décollage industriel des années 1890-1914 se termine dans le désastre de la Première Guerre mondiale, le tsar Nicolas II n'acceptant ni sa désacralisation, ni la libéralisation politique. L'expérience communiste sous Lénine se veut plutôt modernisatrice, presque libératrice. Staline, lui, est un Eurasien, organisant la Russie en forteresse, assiégée par l'Occident capitaliste. Alors la rupture de 1991 ne porte-t-elle pas le même scénario : libéralisation tournant mal ; rétablissement de l'autoritarisme ?

D. Quelle identité géopolitique pour la Russie post-soviétique ? Occidentalisation ou/et eurasisme ?

La dissolution de l'Union soviétique en 1991 marque-t-elle la mort de l'idée impériale russe ou ne fait-elle que la métamorphoser ? L'eurasisme est-il enterré ou se réinvente-t-il ?

Pour la Russie, 1991 peut être retenu comme une cassure historique irrémédiable… Depuis la reconquête contre les Mongols, la Russie de Moscou se définit par sa poussée impériale. L'URSS, qui promet la liberté aux peuples opprimés, reprend en fait cette vision impériale, en ne renonçant pas aux annexions tsaristes, et même en étendant son contrôle à l'Europe orientale en 1945. Or, en 1991, la liquidation de l'URSS, c'est aussi la destruction du principe impérial. La Russie perd non seulement des zones coloniales (Caucase, Asie centrale) mais aussi des territoires liés à elle depuis des siècles (Ukraine, notamment). Il y a quelque chose de cassé dans le peuple russe : santé pitoyable, déclin démographique. L'empire serait enterré.

« La Russie-Eurasie est finie. À l'ouest des frontières de la Russie, l'Europe développe son unification, offrant à la Russie une structure naturelle pour l'intégrer comme pays européen. À l'est, l'Asie multiplie ses liens ; devant cette nouvelle donne, la Russie doit soit s'affirmer comme un pays en Asie, soit faire face aux pressions croissantes pour la repousser à l'ouest de l'Oural. Au sud, émerge le défi de l'activisme islamique aux origines tant internes qu'externes. Tout cela met la Russie dans une position très inconfortable, exigeant d'elle vision et action, alors qu'elle ne semble pas prête pour ces tâches. La fin de l'Eurasie, si elle est une catastrophe, n'est pas une tragédie. C'est la fin d'une longue ère historique. Mais ce n'est pas la fin de la Russie, devant laquelle s'ouvre maintenant une ère plus heureuse » (Dimitri Trenin, *The End of Eurasia : Russia on the Borders Between Geopolitics and Globalization*, Carnegie Moscow Center, 2001.)

En même temps, la Russie se révèle à nouveau si difficile à intégrer. 1991 reste un traumatisme, un de ces moments qui ne doit jamais se répéter. Pour le pouvoir en place, tout doit être fait pour empêcher une nouvelle remise en cause du territoire russe (répression sauvage de la rébellion tchétchène). Alors la Russie peut-elle subsister sans des structures autoritaires ? La Russie peut-elle concevoir un pacte social très assoupli, où l'unité se combinerait avec une très grande décentralisation ? Le territoire russe, par son immensité, ne serait-il pas monstrueux et finalement inviable ? Ces questions dominent l'avenir de la Russie. Dans le passé, la Russie a sauvé son unité par l'enfermement impérial. Différente, assiégée par l'extérieur, portée par sa mission historique, la Russie était une forteresse en guerre permanente. Staline a donné à cette vision sa terrible plénitude. Mais, aujourd'hui, l'instrument impérial est usé. Le président Vladimir Poutine, quel que soit son appétit de pouvoir, n'est plus le petit père des peuples, le tyran incontesté. L'armée russe est un outil rouillé. Les oligarques restent des parvenus. Quant au peuple, il ne cache pas sa fatigue.

Par ailleurs, la mondialisation actuelle n'est-elle pas beaucoup plus forte que celles qui ont eu lieu par le passé ? Qu'il s'agisse des transports, des médias, des échanges de toutes sortes, les masses continentales se trouvent beaucoup plus pénétrées qu'autrefois. La Russie de Poutine est sous les regards multiples de l'extérieur. Les capacités de contact des Russes se sont remarquablement développées. Dans ces conditions, que peut être un nouvel autoritarisme ? L'histoire impose la prudence. Nombre de techniques (radio, cinéma, télévision) servent aussi bien la liberté que la dictature. Toutefois, la mondialisation actuelle offre aux individus, aux groupes, des possibilités d'échanges sans précédent. Alors la Russie peut-elle échapper à la dislocation ?

*

* *

Les deux grandes géopolitiques continentales de l'Allemagne et de la Russie s'achèvent dans le désastre : pour l'Allemagne, la défaite de 1945 ; pour la Russie, la dissolution de l'URSS. Ces désastres n'ont pas une mais des explications. Ces deux nations sont arrivées trop tard. La modernité, ressentie comme une importation, a stimulé, chez elles, un complexe d'infériorité. Le nazisme et le stalinisme prétendaient concevoir des modernités supérieures, dépassant l'individualisme décadent de l'Occident. Enfin, ces deux nations ont buté contre leur enclavement, l'enclavement géographique s'accompagnant d'une fermeture culturelle. Or l'ouverture, l'universalité finissent toujours par l'emporter.

4

Géopolitiques de la défaite

Toute géopolitique est une réflexion sur la puissance. L'Américain Mahan se demande comment les États-Unis peuvent égaler et dépasser l'Angleterre. Le Britannique Mackinder veut faire face à l'inévitable déclin de l'Empire britannique. Haushofer s'interroge sur la renaissance d'une puissance allemande. Toute géopolitique naît donc d'une situation : une victoire à conserver, une défaite à surmonter. Il y a des géopolitiques du triomphe et des géopolitiques de la défaite, ces dernières nées d'un traumatisme national, et visant à le surmonter par un projet ou au moins un rêve.

Dans cette perspective, la France (I), l'Espagne (II) et l'Italie (III) fournissent trois illustrations de ces géopolitiques de la défaite ou de l'impuissance.

*

*   *

I. LA FRANCE

Les Français sont réputés ne pas aimer la géographie. Pourtant il y a une école géographique française. Et il y a aussi des pensées géopolitiques françaises.

Toute géopolitique est liée à un événement, à un sentiment ou même à un traumatisme : Mahan fasciné par la puissance navale britannique ; Mackinder s'inquiétant de la montée de la Russie ; Haushofer n'acceptant pas la défaite de l'Allemagne en 1918.

La France, si elle donne à ses rues et avenues des noms de victoire, est modelée par ses défaites ou ses victoires illusoires : 1713-1715 (traités d'Utrecht, mettant fin au rêve hégémonique de Louis XIV) ; 1763 (traité de Paris, terminant la guerre de Sept Ans, et privant la France de son premier empire colonial – Canada, Indes) ; 1815 (Acte final du congrès de Vienne, enterrant l'ambition napoléonienne). La France contemporaine s'organise, elle aussi, autour de telles tragédies : 1870-1871 (triomphe de la Prusse bismarckienne, unifiant l'Allemagne… dans la galerie des Glaces de Versailles) ; 1918 (victoire terrible contre l'Allemagne, le prix du sang étant astronomique) ; 1940 (effondrement de l'armée française face à l'Allemagne hitlérienne) ; 1954 (chute de Dîen Biên Phu).

A. La France (1871-1962)

1. La nation ancienne et menacée

Alors que l'Allemagne se perçoit comme la « nation tardive », se cognant à une Europe et à un monde occupés, la France, elle, est la « nation ancienne », patiemment rassemblée par ses quarante rois, définitivement unifiée et rendue homogène par la République. Tandis que l'Allemagne ne cesse d'être en quête de son identité territoriale, le pré carré français est bien délimité, bien qu'en 1871, à la suite de la défaite de la France face à la Prusse de Bismarck, cet espace se trouve amputé de l'Alsace-Lorraine – ce que la France n'oubliera jamais. La France sait ce qu'elle est.

Surtout, avec les défaites de 1814-1815 (Napoléon Ier face à l'Europe coalisée) et 1871, le rêve français d'hégémonie sur l'Europe appartient au passé. La France orgueilleuse de Louis XIV, la Grande Nation porteuse de la Révolution en Europe (1792-1815) s'effacent derrière un pays soucieux de rassurer, puis inquiet pour son existence même.

En 1848, lors du « printemps des peuples », le gouvernement révolutionnaire qui a renversé Louis-Philippe fait tout pour montrer à l'Europe qu'il ne veut en aucune manière ramasser le flambeau de 1792 et se lancer dans une croisade pour la Révolution. Napoléon III, de 1848 à 1870, se pose en défenseur du droit des peuples à disposer d'eux-mêmes ; mais, en 1870-1871, la leçon est terrible : l'Allemagne, sous la poigne de Bismarck, « dispose bien d'elle-même », c'est-à-dire s'unifie par la guerre contre la France.

De 1871 à 1945, la politique française se résume en une question simple et vitale : comment faire face au colosse allemand, alors que la France dispose de capacités démographiques, économiques, militaires bien inférieures à son redoutable voisin ? La réponse est tout aussi nette : la France n'est plus en mesure de défendre seule son territoire ; si elle doit affronter l'Allemagne, elle ne peut le faire qu'avec des alliés.

Tout au long de cette période, la France ne cesse d'être sur la défensive. La géopolitique de la France en Europe tient en trois idées : accrocher ou retenir l'Angleterre, qui regarde d'abord vers le grand large ; disposer d'alliés de revers, qui, le jour où la guerre se déclenchera avec l'Allemagne, imposeront à cette dernière de se battre sur deux fronts ; enfin, si les circonstances le permettent (en 1918, en 1945), tenter d'affaiblir l'Allemagne le plus possible.

Bref, pour la France, il s'agit alors de survivre.

2. Géopolitique et idéologie

Depuis la Révolution française en 1789 et l'entrée en guerre contre l'Europe monarchique à partir de 1792, la France se veut porteuse en Europe d'un message idéologique, celui des droits de l'homme, de l'émancipation des peuples.

Or la politique de la monarchie française, avant la cassure révolutionnaire, raisonne tout autrement. Ainsi, aux XVIe et XVIIe siècles, la priorité est la lutte contre la maison des Habsbourg, la menace d'encerclement qu'elle fait peser sur le royaume. Alors, pour la France très chrétienne et catholique, tout allié – qu'il soit ottoman ou protestant – est « bon » s'il peut gêner les Habsbourg. La France des Bourbons veut être puissante ; mais elle ne se préoccupe guère de convertir l'Europe à son dogme religieux.

En fait, depuis la Révolution, la politique française se trouve tiraillée en Europe entre idéologie et géopolitique. Napoléon III, en reprenant le rêve révolutionnaire, est finalement piégé et vaincu par les revendications (surtout allemandes, accessoirement italiennes) qu'il a soutenues. La France de la IIIe République, marquée par le désastre de 1870 et isolée de 1870 à 1893-1894, ne peut s'offrir le luxe d'ambitions idéologiques : il lui faut à tout prix des alliés ; et la Russie des tsars, incarnation et symbole de la réaction la plus brutale, n'est-elle pas, tout de même, l'idéal allié de revers contre l'Allemagne ?

En 1918-1919, la France, victorieuse grâce, notamment, à l'alliance des États-Unis, est à nouveau comme prisonnière de l'idéologie. Ainsi que le souligne Jacques Bainville dans *Les Conséquences politiques de la paix* (1920), le droit des peuples à disposer d'eux-mêmes conduit à détruire la puissance qui aurait pu faire contrepoids, au centre de l'Europe, à l'Allemagne : l'Autriche-Hongrie. Quant à l'Allemagne, elle est bien une nation ; elle ne saurait être divisée. La France de 1919 est à l'origine de deux constructions géopolitiques, qui, dans les années quatre-vingt-dix, révèlent leur artificialité : la Yougoslavie, pays des Slaves du Sud ; la Tchécoslovaquie, union des Tchèques et des Slovaques. L'éclatement de ces deux entités, au début des années quatre-vingt-dix, suggère que la France, pour des raisons de sécurité (neutraliser la menace allemande par une ceinture d'États alliés), a, elle aussi, recours à la rationalisation géopolitique, en particulier par le concept de Slaves du Sud.

3. *Et l'empire ?*

Tout empire résulte d'une succession de hasards, de réactions à des occasions. Une fois l'empire plus ou moins achevé, il est temps de lui donner une justification géopolitique.

Pour l'Angleterre, cette tâche est relativement aisée : le premier objectif est de contrôler les points clés des grandes voies maritimes (la Manche, Gibraltar, Suez, Le Cap…) ; en gardant ces verrous, l'Angleterre tient le monde. Dans la première moitié du XXe siècle, l'Empire britannique, menacé de multiples manières, se donne une raison d'être plus restreinte, centrée sur le joyau de l'empire, les Indes, dont la route avec le Royaume-Uni doit être protégée.

Quant à l'Allemagne de Guillaume II puis de Hitler, n'étant pas contrainte par un empire extérieur préexistant, elle peut donner libre cours à la rationalisation géopolitique. C'est le *Mitteleuropa*, pendant la guerre de 1914-1918. C'est, à l'époque nazie, l'empire continental à l'Est.

Le deuxième empire colonial français, celui du XIXe siècle et du début du XXe, est bien l'enfant des événements et de leurs enchaînements. La conquête de l'Algérie est engagée par Charles X, à la veille de sa chute. Sous le second Empire, l'aventure indochinoise est d'abord l'affaire d'une poignée de missionnaires, de marchands et d'officiers de marine. Enfin, la grande expansion impériale en Tunisie, au Maroc, en Afrique noire s'offre comme une contrepartie à la perte des provinces perdues en 1871 (Alsace-Lorraine).

Quelle rationalité géopolitique à la constitution d'un ensemble aussi hétéroclite, certes touchant tous les continents, des Antilles à Tahiti, d'Alger à Saigon ?

Napoléon III, qui n'est pas avare de rêves, imagine un empire franco-arabe. La IIIe République, fidèle, au moins dans le discours, à la Révolution française, tend à appliquer à l'empire la logique jacobine : la diversité des peuples, des cultures doit se fondre dans un moule commun, donnant aux Tonkinois ou aux Africains les mêmes ancêtres gaulois !

Toutefois, la France du XIXe siècle est, elle aussi, l'enfant de son époque. Comme le raconte Dominique Lejeune dans *Les Sociétés de géographie en France et l'Expansion coloniale au XIXe siècle* (1993), les sociétés de géographie se multiplient en France (comme en Europe), démentant le cliché de l'indifférence des Français à l'égard de cette discipline. Ces cénacles regroupent environ 19 000 membres en 1890 et contribuent à l'édification de l'ambition coloniale française, qu'entretient aussi l'école républicaine, avec ses planisphères indiquant en rose les possessions de l'empire.

L'Empire français constitue un véritable enjeu géopolitique lors de la Seconde Guerre mondiale, au moment où il se prépare à disparaître. De 1940 à 1944-1945, l'empire est la proie d'une double dispute : d'abord, entre le régime de Vichy et de Gaulle, l'un et l'autre cherchant dans l'empire une source de force et de légitimité ; ensuite, entre la France et les belligérants (Allemagne, Italie, Japon, Angleterre, États-Unis et même Union soviétique), ces derniers considérant que le pays vaincu en juin 1940 ne saurait demeurer une puissance impériale et qu'il doit laisser ses possessions à d'autres.

En 1914-1918, l'Empire français, même s'il fournit soldats et main-d'œuvre, reste hors des champs de bataille (à l'exception d'échauffourées en Afrique noire). En 1940-1945, l'empire – en Afrique au sud du Sahara, en Indochine, en Afrique du Nord… – est emporté dans la tourmente. Chacun des deux gouvernements français – Vichy, Londres puis Alger – se pose en gardien de l'empire, mais celui-ci n'est-il pas condamné à disparaître, dès lors que ses maîtres ont été vaincus ?

B. Géographie et politique en France

À travers Mahan, Mackinder, Ratzel et Haushofer, le géopoliticien peut être défini comme le penseur de la puissance dans l'espace, cette réflexion devant inspirer le politique et lui indiquer le « vrai » chemin. Cette définition soulève l'une des questions les plus anciennes de la philosophie politique : l'homme de savoir, de science peut-il, doit-il être le conseiller du prince ? D'un côté, guider le politique, n'est-ce pas sortir de la pure spéculation, transformer l'idée en action, changer la vie ? De l'autre côté, vouloir réaliser sa pensée, n'est-ce pas la trahir, lui faire subir les contingences, les trahisons du monde réel ? À cet égard, l'itinéraire tragique de Haushofer illustre le danger terrible, pour l'homme d'étude, de chercher à être le conseiller d'un prince qui, de toute façon, n'entend que ce qui va dans le sens de ses thèses.

Dans l'Europe positiviste de la seconde moitié du XIXe siècle, le professeur est une figure mythique ; sa science est « la vérité ». La géographie s'inscrit bien dans cette logique. Toutefois, les conséquences en France sont bien différentes de celles en Allemagne. Cette différence peut être saisie à travers Élisée Reclus et Paul Vidal de La Blache.

1. Élisée Reclus (1830-1905)

a) L'itinéraire de Reclus

Élisée Reclus appartient à cet ensemble de géographes européens qui, au tournant des XIXe-XXe siècles, voient dans la géographie une clé essentielle pour penser la planète.

Reclus est un homme à part. Né dans une famille calviniste, républicain convaincu s'opposant au coup d'État du 2 décembre du futur Napoléon III, exilé parcourant le continent américain et l'Europe, Reclus publie, à trente-neuf ans, son premier ouvrage, un traité de géographie physique : *La Terre*. C'est tout de suite le succès.

Alors Reclus mène en quelque sorte une double vie. D'une part, il est militant anarchiste. Au lendemain de la Commune de Paris, il se trouve condamné à la déportation en Nouvelle-Calédonie (novembre 1871), mais, grâce à l'intervention de savants anglais et américains, bénéficie d'une commutation de sa peine en dix ans de bannissement.

Reclus s'installe en Suisse mais ne cesse de voyager. Car, d'autre part, Reclus, tout en ne se dissociant jamais de ses convictions, bâtit son premier grand œuvre de 1872 à 1895 : *La Nouvelle Géographie universelle*, soit dix-neuf volumes, 17 873 pages et 4 290 cartes. Reclus, « géographe libertaire » (Béatrice Giblin), a la démarche d'un humaniste, d'un encyclopédiste, pour lequel le travail scientifique doit aider à appréhender l'homme dans sa totalité. D'où un deuxième grand œuvre : *L'Homme et la Terre*, « ouvrage de géographie sociale » publié, pour l'essentiel, après la mort de Reclus.

b) Une œuvre moderne

Comme le souligne Yves Lacoste, pour lequel Reclus est bien le père intellectuel d'une géopolitique à la française, « la géographie [selon Reclus] n'est autre chose que l'histoire dans l'espace, de même que l'histoire est la géographie dans le temps [...]. La géographie n'est pas chose immuable, elle se fait, se refait tous les jours ; à chaque instant, elle se modifie par l'action de l'homme ».

L'apport de Reclus apparaît triple.

– La vision de la Terre comme totalité complexe et changeante : « Au milieu-espace, caractérisé par les mille phénomènes extérieurs, il faut ajouter le milieu-temps, avec ses transformations incessantes, ses répercussions sans fin [...]. Mais toutes ces forces varient de lieu en lieu et d'âge en âge... »

– L'attention à l'action de l'homme, source, en même temps, de progrès et de régression. Dans le sillage de Marx, Reclus, prophète annonçant les tragédies du XXe siècle, voit la terre emportée dans un seul et formidable mouvement historique :

> Aujourd'hui, tous les peuples entrent dans la danse [...]. Il n'y a plus de question de progrès pour la terre entière. La prospérité des uns amène la déchéance des autres. Là est le côté très douloureux de notre demi-civilisation, si vantée, demi-civilisation puisqu'elle ne profite pas à tous. La moyenne des hommes, fût-elle de nos jours non seulement plus active, plus vivante, mais aussi plus heureuse qu'elle l'était autrefois, lorsque l'humanité, divisée en d'innombrables peuplades, n'avait pas encore pris conscience d'elle-même dans son ensemble, il n'en est pas moins vrai que l'écart moral entre le genre de vie des privilégiés et celui des parias s'est agrandi. Le malheureux est devenu plus malheureux : à sa misère s'ajoutent l'envie et la haine aggravant les souffrances physiques et les abstinences forcées.

Ce texte décrit parfaitement la mondialisation actuelle. Reclus met en lumière à la fois la prise de conscience de l'humanité, contrainte de se reconnaître comme une, et l'exacerbation des conflits, des frustrations qui en résultent. L'intelligence de Reclus est d'aller au-delà des données matérielles pour s'interroger sur ce qui constitue peut-être l'essentiel : la dimension morale, ou plus précisément les modes de perception, de sensibilité des hommes face aux bouleversements de leur environnement.

– L'analyse des conflits, autour de trois thèmes fondamentaux pour Reclus : « La lutte des classes, la recherche de l'équilibre et le rôle primordial de l'individu. » Reclus écrit à l'âge d'or de l'impérialisme (fin du XIXe siècle-début du XXe), alors que s'épanouit le partage colonial. Reclus saisit bien quelques-unes des clés de son époque : la dynamique du capitalisme, ayant toujours besoin de nouveaux marchés ; le déclin industriel de l'Angleterre ; l'émergence des États-Unis et de la Russie.

Reclus est inclassable. Géographe, il ne se laisse pas enfermer dans la dogmatique scientifique, ou même scientiste, pour laquelle l'homme et ses passions ne font finalement que « parasiter » la rigueur des raisonnements. Géopoliticien de fait, Reclus ne saurait être le conseiller du prince, certes en raison de ses idéaux anarchistes, mais aussi par philosophie, l'homme ne pouvant être réduit à une marionnette du Pouvoir et de l'Histoire.

L'originalité de Reclus fait, durant sa vie, son immense célébrité, mais aussi entraîne « le rejet et l'oubli » (Yves Lacoste) par une géographie universitaire qui ne peut l'assimiler.

2. Paul Vidal de La Blache (1845-1918)

Paul Vidal de La Blache, historien de formation, est bien un anti-Reclus. Vidal de La Blache est le fondateur de l'École géographique française. Il est l'auteur du *Tableau géographique de la France* (1903), tome I de l'*Histoire de France* d'Ernest Lavisse, œuvre quasi officielle, expression achevée d'une histoire positiviste et républicaine. Bref, Vidal de La Blache est un homme-institution.

a) Le possibilisme

Grand lecteur des géographes allemands, et notamment de Ratzel, Vidal de La Blache prône une géographie scientifique : « La géographie a pour mission spéciale de rechercher comment les lois physiques et biologiques qui régissent le monde se combinent et se modifient en s'appliquant aux diverses parties de la surface de la terre » (1913). En même temps, Vidal de La Blache, attaché à l'esprit français, à son allergie au dogmatisme, s'oppose au déterminisme de Ratzel, « le répétiteur de catéchisme » (Lucien Febvre). Ce dernier, dans *La Terre et l'Évolution humaine* (1922), qualifie de « possibilisme » la démarche de Vidal de La Blache : tout espace (plaine, montagne, rivière… ; campagne, ville…) est gros d'infinies virtualités (ainsi un fleuve peut être une frontière, une voie de communication et d'échange…) ; il revient à l'homme d'en matérialiser certaines. « L'être géographique d'une contrée n'est point une chose donnée d'avance par la nature […], elle est un produit de l'activité de l'homme, conférant l'unité à des matériaux qui, par eux-mêmes, ne l'ont point. »

En fait, Vidal de La Blache – à l'opposé de Ratzel – ne se veut pas bâtisseur d'un édifice théorique. Il décrit, analyse, essaie des modèles. Ainsi, la notion de « genre de vie », essentielle dans la géographie française de la première moitié du XXe siècle, privilégie une micro-géographie.

Ainsi Jacques Ancel, géographe dans la lignée de Vidal de La Blache et auteur d'une *Géopolitique* (1936), publie, en 1930, *Peuples et Nations des Balkans* (réédition en 1993). Ce livre, en insistant sur les « genres de vie », repousse au second plan les nationalités, les frontières, les États au bénéfice d'une « unité de civilisation terrienne et démocratique », où « partout s'impose en roi le paysan balkanique. Roi sur sa terre, il veut être aussi le roi de l'État ». Cette approche a quelque chose d'a-géopolitique, l'essentiel résidant dans les coutumes et les mœurs, le politique n'étant que superstructures.

b) La France de l'Est – Lorraine-Alsace (1917)

En 1917, Vidal de La Blache publie *La France de l'Est*. La Première Guerre mondiale fait rage. Les États-Unis entrent dans le conflit aux côtés des Alliés (France, Grande-Bretagne…), et il est clair que leur force sera décisive dans la victoire sur les empires centraux. La France, dont les « poilus » souffrent terriblement dans les tranchées, ne peut que penser à ce qui est l'enjeu concret de son combat contre l'Allemagne : la récupération des provinces perdues en 1871, l'Alsace-Lorraine. Il est capital que les États-Unis et leur président, Woodrow Wilson, comprennent bien le sens de cet enjeu.

Le livre de Vidal de La Blache vise à montrer pourquoi, en quoi l'Alsace-Lorraine, quelles que soient son histoire et sa culture germanique, est bien française, notamment parce que en 1789 elle a confirmé son appartenance à la France en adhérant avec enthousiasme aux principes révolutionnaires, et notamment au libre consentement des peuples. Alors, *La France de l'Est*, ouvrage de savant ? Ouvrage de patriote, sachant que, dans une épreuve aussi extrême que la Grande Guerre, la science ne garde plus qu'une mission : contribuer à la défense de la nation ?

La France de l'Est est évidemment contestée par les géographes allemands. Pour eux, le Rhin ne saurait être une frontière : « Le pays de Bade, c'est le miroir de l'Alsace » (Friedrich Metz).

3. Les géographes français et la politique

> En 1902 parut à Paris un livre d'André Chéradame, rédigé à partir de cours à l'École des sciences politiques, intitulé *L'Europe et la Question d'Autriche*. Dans ce livre destiné à l'éducation des hommes politiques français, la structure interne du vieil État habsbourgeois, la méthode de sa destruction et de sa dissolution par l'extérieur sont indiquées sur une série de cartes et de tableaux, avec le même ton scientifique qu'on trouve au service des Eaux et Forêts pour enseigner la destruction des animaux nuisibles à la forêt, et dans les livres connus, à l'usage des pays tropicaux, pour enseigner l'action méthodique contre les termitières. Tout s'est passé exactement ainsi en 1918 (Karl Haushofer, *De la Géopolitique*, 1931).

Dans ce texte, Haushofer relate-t-il des faits réels ou plutôt prête-t-il aux écrits d'André Chéradame l'influence que lui, Haushofer, aimerait avoir auprès des politiques allemands ? Le maître de la géopolitique allemande attribue aux politiques (ici, français) une cohérence, une persévérance – et aussi une attention aux livres – qu'il est douteux qu'ils aient.

À l'issue de la Première Guerre mondiale, les délégations à la Conférence de la paix en 1919 sont accompagnées de géographes ; comment redessiner la carte de l'Europe sans leur avis ? En particulier, Georges Clemenceau, « le Tigre », « le Père la Victoire », est entouré de géographes de grande envergure : Emmanuel de Martonne (1873-1955), gendre de Vidal de La Blache, spécialiste de géographie physique et remarquable connaisseur de l'Europe centrale ; Jacques Ancel… Cela fait-il de ces géographes des décideurs ?

Des négociations de paix, au lendemain d'un conflit qui a fait des millions de morts et laissé une empreinte atroce, sont prises dans de multiples préoccupations, revendications, rivalités contradictoires. Les géographes ne sont que des experts, donnant des indications, des éclaircissements que les politiques utilisent, ou n'utilisent pas, en fonction de leur jeu propre. Quant à la destruction de l'Autriche-Hongrie (qui, pour Haushofer, serait due au livre d'André Chéradame), elle fournit l'objet d'une de ces controverses toujours ouvertes dans lesquelles se délectent les historiens : pourquoi, comment un empire pluriséculaire meurt-il ? Face à cette interrogation qui ne lassera jamais les hommes, l'une des réponses constantes est : il y a eu conspiration, l'empire a été anéanti par les manœuvres secrètes et diaboliques de quelques hommes (pour l'Autriche-Hongrie, les francs-maçons anxieux d'abattre la monarchie catholique des Habsbourg). Haushofer n'est pas loin de cette analyse. Mais un événement aussi formidable que la fin d'un empire trouve-t-il vraiment son explication dans un raisonnement qui évoque irrésistiblement Alexandre Dumas faisant de l'alchimiste Joseph Balsamo (*alias* Cagliostro) l'auteur de la Révolution française ? L'Autriche-Hongrie n'est-elle pas morte parce qu'elle appartenait à une époque révolue, celle où la légitimité monarchique n'était pas mise en cause par les revendications nationales ?

Dans ces années 1871-1945, il n'y a pas de géopolitique française comparable aux géopolitiques anglo-américaine et allemande. En définitive, la France n'est pas en quête de son espace ; en ce qui concerne l'Alsace-Lorraine, le doute n'existe pas : ces provinces, prises par l'Allemagne par la force, sont françaises. De plus, pour la majorité des géographes français de cette période, science et politique doivent être et rester séparées. Alors qu'en Allemagne le savant (par suffisance ? par naïveté ?) se croit en mesure de s'approprier le politique, l'universitaire français redoute de se perdre, en laissant « sa » science, la science, qui rêve de schémas intemporels, être polluée par les contingences humaines.

C. Itinéraires géopolitiques

Le paysage intellectuel et politique français est tout de même imprégné de géopolitique. Trois individus incarnent cette référence cachée au raisonnement géopolitique : Raoul Castex, Charles de Gaulle, Yves Lacoste.

1. Raoul Castex (1878-1968)

Raoul Castex est un personnage typiquement français. Amiral, il s'inscrit dans la longue tradition des militaires intellectuels, allant du comte de Guibert au XVIIIe siècle à

André Beaufre, théoricien de la dissuasion. Castex, auteur d'une œuvre très abondante (notamment *Théories stratégiques*, 1929-1935), bénéficie d'une aura particulière : pour ses thuriféraires, ce serait un grand méconnu.

Castex, nourri des thèses de Mahan, s'interroge sur la puissance maritime, ainsi que sur les rapports entre puissances de la mer et puissances de la terre. Son approche typiquement géopolitique l'amène, à l'époque de la guerre froide, à saisir, sous l'antagonisme idéologique, les forces géopolitiques. Ainsi, dans les années 1950, Castex prophétise-t-il le divorce entre l'Union soviétique et la Chine…

2. Charles de Gaulle (1890-1970)

Charles de Gaulle n'est pas un savant ; c'est un politique. Alors comment peut-il être un géopoliticien, quelqu'un réfléchissant sur les relations entre espace et politique, avec un point de vue non engagé ? Or de Gaulle est, se veut engagé. L'originalité de De Gaulle, dans la tradition, le paysage politique français, réside justement dans son mode de raisonnement spontanément géopolitique. Cette approche de De Gaulle lui vient non d'une fréquentation de la littérature géopolitique, bien trop théorique pour l'intéresser, mais de son « bainvillisme ». Jacques Bainville (1879-1936), historien de conviction monarchiste, ne cesse de dénoncer l'« idéologisme » de la France révolutionnaire, conduisant sa politique étrangère en fonction non des configurations de puissance mais de principes. Chez de Gaulle, les nations, dont il sait pourtant qu'elles sont inscrites dans l'histoire et dans la géographie, tendent à être des entités intemporelles : la France, l'Allemagne, la Russie, la Chine… De Gaulle perçoit le monde comme une vaste scène où s'affrontent – et parfois coopèrent – ces entités.

L'espace et le temps sont toujours présents, rappelant à l'homme la précarité, la vanité de ses œuvres (les nations étant, elles aussi, œuvres humaines).

Ainsi le très célèbre Appel du 18 juin 1940 est le plus souvent analysé comme un discours de rébellion, de résistance – ce qu'il est bien. Mais cette déclaration extraordinaire (de Gaulle n'étant alors qu'un général à titre temporaire, ex-sous-secrétaire d'État à la Défense nationale de l'avant-dernier gouvernement de la IIIe République) ne se dissocie à aucun moment d'une analyse géopolitique précise, sans laquelle la résistance à l'occupant ne représenterait qu'un sacrifice inutile :

> Car la France n'est pas seule. Elle n'est pas seule ! Elle n'est pas seule ! Elle a un vaste empire derrière elle. Elle peut faire bloc avec l'Empire britannique qui tient la mer et continue la lutte. Elle peut, comme l'Angleterre, utiliser sans limite l'immense industrie des États-Unis. Cette guerre n'est pas limitée au territoire malheureux de notre pays. Cette guerre n'est pas tranchée par la bataille de France. Cette guerre est une guerre mondiale [...]. Foudroyés aujourd'hui par la force mécanique, nous pourrons vaincre dans l'avenir par une force mécanique supérieure. Le destin du monde est là.

Ainsi, la France défaite de 1940 voit s'opposer deux paris géopolitiques. Pour Pétain, à Vichy, la guerre est et restera européenne, les États-Unis ne renonceront pas à leur isolationnisme ; il faut donc s'entendre et collaborer avec l'Allemagne hitlérienne. Pour de Gaulle, à Londres, « la guerre est une guerre mondiale ». Pourtant, en juin 1940, l'Angleterre se bat seule face à l'Allemagne, qui est maîtresse du continent et, en outre, bénéficie de l'alliance avec l'Union soviétique de Staline. Quant aux États-Unis, ils n'entreront militairement dans le combat qu'avec l'attaque de Pearl Harbor par l'aviation japonaise, en décembre 1941. De Gaulle anticipe grâce à une vision planétaire : comme en

1917, les États-Unis ne demeureront pas hors de la mêlée ; première puissance économique du monde, ils ne sauraient se résigner à être enfermés dans l'île américaine et exclus de l'Île mondiale (Europe, Asie et Afrique).

Tout au long des années 1960, de Gaulle, revenu aux affaires en 1958, apparaît comme l'homme de la géopolitique, dans une décennie où l'idéologie, à travers l'antagonisme Est-Ouest et les tensions entre l'Occident et le tiers monde, inspire les raisonnements internationaux. Par exemple, pour de Gaulle, la fraternité communiste ne saurait résister aux réalités géopolitiques : la rupture sino-soviétique en 1960 est dans l'ordre des choses, le colosse russe ne pouvant que redouter, à son flanc oriental, une Chine innombrable, unie et puissante. De même, l'engagement des États-Unis au Sud-Vietnam est condamné à l'échec : l'Amérique, en menant une croisade contre le communisme, ne se rend pas compte qu'elle mobilise contre elle une force irréductible, le nationalisme vietnamien exalté par le marxisme-léninisme le plus rigide.

De Gaulle est tout le contraire d'un théoricien. Cependant, il s'impose comme le porte-parole d'une géopolitique à la française, en s'efforçant de combiner deux éléments en général opposés : d'une part, une fidélité au réalisme géographique, historique, conformément à la phrase de Napoléon : « Un État fait la politique de sa géographie »… et de son histoire ; d'autre part, la conscience que la France, pour être « une grande puissance », doit exprimer des principes (pour de Gaulle, droit des peuples à l'indépendance).

3. Yves Lacoste et Hérodote

Le géographe Yves Lacoste et la publication qu'il a créée en 1976, *Hérodote, revue de géographie et de géopolitique*, constituent bien, en France, le seul courant géopolitique construit, ayant, sinon une doctrine, au moins une méthode d'analyse.

L'itinéraire intellectuel d'Yves Lacoste est essentiel pour appréhender « sa » géopolitique.

Né au Maroc en 1929, il vit à la fois la colonisation et la décolonisation ; homme de gauche, il observe, ressent les contradictions de la France, portée par son modèle jacobin unificateur, et confrontée à la vigueur des spécificités, à la volonté d'être soi-même – en particulier, au Maroc, à l'identité forgée par des siècles d'histoire et par la monarchie des Alaouites du Tafilalet. Yves Lacoste a d'abord écrit sur la géographie du sous-développement (*Géographie du sous-développement*, 1965). Mais, semble-t-il, c'est en réfléchissant sur la guerre (*La géographie, ça sert d'abord à faire la guerre*, 1976) que le géographe se fait géopoliticien : l'espace, ses composantes (terre, eau...), ses reliefs sont à la fois des contraintes, des outils et des enjeux pour les hommes.

Par ailleurs, Yves Lacoste (et *Hérodote* dans son sillage) s'attache à se fonder sur des auteurs refoulés, marginalisés par l'histoire officielle. C'est la redécouverte du « géographe libertaire », Élisée Reclus. C'est *Ibn Khaldoun. Naissance de l'histoire, passé du tiers monde* (1966). Ibn Khaldoun est, selon les dictionnaires, « le plus connu des historiens arabes (Tunis, 1332 – Le Caire, 1406) ». Pour Yves Lacoste, « l'œuvre d'Ibn Khaldoun éclaire une étape très importante du passé de pays qui sont aujourd'hui placés dans une situation de sous-développement. En faisant, au XIVe siècle, une analyse scientifique des conditions économiques, sociales et politiques de l'Afrique du Nord médiévale, Ibn Khaldoun a en fait posé [...] un certain nombre de problèmes historiques qui sont fondamentaux ».

C'est aussi l'intérêt porté à la géopolitique allemande (Ratzel, Haushofer), délivrée de son image de « science nazie » et analysée dans sa complexité historique (ainsi que le fait Michel Korinman – membre du comité de rédaction d'*Hérodote* – dans *Quand l'Allemagne pensait le monde. Grandeur et décadence d'une géopolitique*, 1990).

Au fond, Yves Lacoste, surtout à travers *Hérodote*, revient sur l'une des questions lancinantes de la gauche : qu'est-ce qu'une nation ? Pour la gauche universaliste, ayant pour horizon l'émergence d'un homme libéré de tous les égoïsmes, de toutes les aliénations, la nation, l'enracinement dans un territoire, la sacralisation de ce territoire ont quelque chose d'archaïque, de réactionnaire (même si le grand socialiste français, Jean Jaurès [1859-1914], considérait qu'« un peu d'internationalisme éloigne de la patrie, beaucoup en rapproche »). Mais, après la chute du communisme soviétique, l'universalisme tend à être confisqué par le libéralisme capitaliste, ne voyant dans l'homme qu'un calculateur de coûts et d'avantages, qu'un opérateur sur un marché. Alors la nation n'est-elle pas une réalité indestructible, saisissant l'homme concret, dans la richesse de ses traditions, de ses cultures ?

Avec la revue *Hérodote*, la géopolitique acquiert une légitimité intellectuelle en France. Le titre même est un hommage au père de l'histoire et de la géographie, au Grec qui, surmontant ses préjugés, sut s'intéresser aux Barbares et les observer. *Hérodote*, publication trimestrielle, traite chaque numéro comme un ouvrage collectif, un dossier en général consacré à la problématique géopolitique d'une région (par exemple, « La Méditerranée américaine », « Le jeu des frontières en Afrique », « Balkans et balkanisation »…), d'un pays (par exemple, « Géopolitiques allemandes », « Les marches de la Russie », « La question serbe »…).

Cette revue est centrée sur les représentations, les stratégies conflictuelles que suscite tout espace, en particulier s'il est un lieu-carrefour (par exemple, les trois Méditerranées – soit les mers au milieu des terres : la Méditerranée euro-arabe, entre Gibraltar et Suez ; la Méditerranée américaine, entre l'Atlantique et l'isthme centraméricain ; la Méditerranée asiatique, entre la Chine méridionale, l'Indochine, l'Indonésie et les Philippines).

Comme toute démarche guidée par une philosophie cohérente, celle d'*Hérodote* a bien une dimension idéologique, c'est-à-dire à la fois articulant une vision du monde et parfois suggérant des actions. Pour *Hérodote*, l'homme et donc les entités collectives auxquelles il participe (régions, États-nations...) se définissent d'abord par un enracinement territorial. Dans ces conditions, tout comme la guerre se fait pour des territoires, la paix suppose, dans la mesure du possible, la « satisfaction » territoriale des communautés peuplant la terre.

Cette logique « territorialiste » d'*Hérodote*, due certes à l'optique géopolitique de la revue mais aussi à la formation (géographie, histoire) de ses animateurs, affecte l'approche des autres activités et productions humaines. Ainsi, les idéologies sont regardées comme des instruments de justification, de légitimation dans les conflits territoriaux ; à cet égard, l'idéologie du « nettoyage ethnique », visant à faire coïncider parfaitement peuples et territoires, confirme la démarche d'*Hérodote* centrée sur les relations entre hommes et espaces. De même, la présentation des données économiques privilégie la localisation, l'appropriation et le contrôle des ressources, celles-ci étant analysées comme des atouts, des enjeux dans les rivalités politiques.

D'où, par rapport à cette perspective d'*Hérodote*, une interrogation : les flux de toutes catégories – d'idées, d'informations, de marchandises, de capitaux... – ne constituent-ils que des moyens manipulés par les politiques ou/et obéissent-ils à des dynamiques propres ? Au fond, *Hérodote* procède à la manière d'un photographe, chaque carte étant une photo, et le sens devant naître de l'association, de la comparaison du plus grand nombre possible de cartes.

Mais ces juxtapositions, ces superpositions peuvent-elles rendre compte du « film de la vie », du mouvement des forces ? Est-il possible de faire, en même temps, le travail du photographe, qui fixe des moments et donc leur confère une apparence d'éternité, et le travail du cinéaste, attaché à la mobilité, à la fluidité des choses ?

Finalement quelle est la tendance dominante ? Le vieil instinct territorial, hérité de millénaires de travail de la terre, ainsi que le souligne *Hérodote* ? Ou, au contraire, l'émergence d'un rapport nouveau entre l'homme et la terre, le premier s'émancipant de plus en plus de l'emprise de ce sol qui, pourtant, lui collera toujours aux pieds ? À nouveau, le nomade l'emporterait-il sur le paysan ? L'État-nation, tout en subsistant, cesserait-il d'être le but de l'Histoire, la construction territorialo-politique la plus parfaite, pour n'être plus qu'un cadre spatial parmi d'autres, parfois plus restreints (régions, conglomérats urbains), parfois plus vastes (structures continentales, mondiales…) ? De plus, quelles combinaisons, quels équilibres entre les quadrillages territoriaux et l'explosion des flux ?

II. PUISSANCE ÉVANOUIE PUISSANCE INSAISISSABLE

A. L'Espagne

À la fin du XVe siècle, l'Espagne, achevant de chasser les musulmans de son territoire *(Reconquista)*, se lance, au même moment, dans la conquête des océans. En 1492, le Génois Christophe Colomb, l'homme qui découvre l'Amérique, est parrainé et financé par la monarchie espagnole.

De cette expédition naît un immense empire, incluant notamment presque toute l'Amérique du Sud (le Brésil revenant au rival portugais) et une grande partie des États-Unis actuels. L'Espagne de Charles Quint puis de Philippe II gouverne le premier empire du monde, sur lequel le soleil ne se couche jamais.

Après ces premiers succès superbes, l'Espagne perd la partie en Europe. La richesse immense, venue de ses colonies, lui fuit entre les mains au profit de ceux qui s'approprient le commerce mondial : Hollandais, Britanniques, Français… De plus la France est un voisin dominateur. Au XVIIIe siècle, l'Espagne, toujours maîtresse de son empire, figée dans un catholicisme funèbre, n'est plus qu'une proie. En 1808, Napoléon Ier, occupant l'Espagne, et installant l'un de ses frères sur le trône, enclenche la décomposition de l'empire. Les colonies d'Amérique du Sud, coupées de la métropole, s'émancipent et acquièrent l'indépendance. En 1898, c'est un nouveau choc : les États-Unis, exploitant la rébellion des Cubains contre le colonisateur espagnol, écrasent les forces espagnoles. Cette défaite suscite une émotion profonde en Espagne : celle-ci ne peut plus se masquer son déclin. D'où la « Génération de 1898 », avec, pour porte-parole, l'essayiste Miguel de Unamuno.

Les déchirements de l'Espagne, la guerre civile (1936-1939), la victoire du général Franco appellent un rêve géopolitique : restauration et renaissance (en particulier Jaime Vicens Vives, *España. Geopolitica del Estado y del imperio*, 1940). Ce rêve ne mène nulle part. L'Espagne est pauvre et ravagée. L'ambition impériale appartient à un passé révolu. L'illusion géopolitique est enterrée le 23 octobre 1940. Ce jour-là, Hitler rencontre Franco à Hendaye. Le Führer allemand est à son apogée : il a écrasé la France ; l'Angleterre résiste encore, mais elle est seule ; enfin, l'attaque contre l'Union soviétique est en pleine préparation. Hitler veut entraîner Franco dans sa grande aventure géopolitique : faire de l'Europe un empire allemand. Franco, très prudent, formule, pour le partage des dépouilles, des exigences si énormes que Hitler – pour lequel la rencontre est pire qu'un passage chez un dentiste – comprend qu'il n'a rien à attendre du dictateur espagnol. Franco, vainqueur de la guerre civile, veut surtout garder le pouvoir pour lui en Espagne. Il est exclu de le perdre, aux côtés de l'armée allemande, dans les steppes de l'Ukraine !

En ces années 2000, l'Espagne de Juan Carlos, apaisée, ancrée dans l'Union européenne, garde une carte géopolitique : l'espagnol, langue de la majorité de l'Amérique latine, deuxième idiome des États-Unis du fait de l'immigration hispanique. Cet atout culturel est-il, peut-il être un instrument de puissance ? Ou, au contraire, toute mobilisation politique de l'espagnol ne risque-t-elle pas de confirmer qu'une langue commune ne crée en rien une unité politique ? Certes, depuis juillet 1991, se réunissent des sommets ibéro-américains, associant l'Espagne, le Portugal et les pays d'Amérique latine. Les liens économiques entre l'Espagne et l'Amérique latine se développent vigoureusement. Mais communauté de langue ne signifie pas communauté politique, comme l'illustre le monde anglo-américain, avec le Royaume-Uni, les États-Unis et d'autres. Le facteur espagnol n'abolit pas la donne géopolitique américaine, la centralité des États-Unis, la spécificité de l'Île américaine – de l'Alaska à la Terre de Feu. L'Espagne, même membre de l'Union européenne, est et restera un acteur secondaire en Amérique.

B. L'Italie

Pendant des siècles, au temps de Rome, l'Italie peut se croire le centre du monde. La Méditerranée se définit alors sinon comme le monde, au moins comme un monde, à côté d'autres mondes plus ou moins lointains, plus ou moins abstraits : Perse, Inde, Chine… À l'époque de la Renaissance, l'Italie est à nouveau le centre du monde. Grâce, d'abord, à Venise, l'Italie ou plus exactement des cités italiennes constituent le cœur de l'économie-monde, de ce réseau d'échanges qui va de la mer du Nord aux routes de la soie. Cette centralité économique n'efface pas la faiblesse de l'Italie ou plutôt des Italies, les disputes entre les villes, les ingérences permanentes de l'extérieur (Saint Empire romain germanique, France).

Le destin géopolitique de l'Italie est marqué par deux éléments.

– *L'enclavement dans la Méditerranée.* À partir du XVIe siècle, s'opère, avec la découverte de l'Amérique, le formidable déplacement des réseaux d'échanges de la Méditerranée vers l'Atlantique. Jusqu'alors, l'Italie occupait une position clé entre le Moyen-Orient et l'Europe. Avec le basculement vers l'Atlantique, l'Italie n'est plus qu'une péninsule enclavée dans une mer devenue secondaire. En 1869, l'ouverture du canal de Suez fait de la Méditerranée un maillon important dans le système international d'échanges, mais ne lui redonne pas la centralité d'autrefois.

– *L'unification tardive.* Comme l'Allemagne, l'Italie est une nation tardive, ou plutôt un État tardif. L'Italie s'unifie en 1870. Comme l'Allemagne, elle arrive tard pour le partage des dépouilles ; alors elle récupère des miettes : Erythrée tripolitaine, Dodécanèse. En outre, dans cette course à la puissance, l'Italie connaît de lourds échecs. En 1896, à Adoua, elle est la première nation européenne à subir une défaite majeure contre une armée africaine, celle de l'empereur d'Éthiopie, Ménélik (9 000 tués italiens). Cette fragilité de l'Italie éclate durant la Première Guerre mondiale, avec, en 1917, le désastre de Caporetto face à l'armée austro-hongroise.

En dépit de ses tragédies, l'Italie garde un rêve de puissance. Ce rêve achèvera l'unification italienne. Mais l'Italie ne cesse d'être déçue. Le 24 avril 1919, le président du Conseil italien, Vittorio Orlando, quitte avec fracas la conférence de la paix, n'obtenant pas que Fiume, petit port sur l'Adriatique, revienne à l'Italie.

En 1922, la prise du pouvoir par Mussolini doit permettre enfin à l'Italie de réaliser son ambition géopolitique. Ce sera une farce sanglante : conquête brutale de l'Éthiopie en 1935-36 ; en 1939, invasion de l'Albanie ; en octobre 1940, attaque de la Grèce, l'opération tournant à la débâcle et imposant, en avril 1941, une intervention de l'armée allemande. L'Italie mussolinienne n'est plus que l'allié encombrant de l'Allemagne hitlérienne.

Dans le climat instable des lendemains de la Première Guerre mondiale, apparaît, en Italie, le futurisme, apologie de la violence. Le fascisme est un autre produit de cette époque troublée. Dans ces conditions, surgit une géopolitique italienne, ayant beaucoup de difficulté à se distinguer de la géopolitique allemande. En 1939, naît la revue *Geopolitica*, revendiquant la création d'une géopolitique strictement italienne. Rome et sa « *mare nostrum* » (la Méditerranée) s'imposent comme des repères aussi obsédants qu'inaccessibles. L'effondrement de l'Italie fasciste en juillet 1943 enterre toute cette littérature.

5

Géopolitique et guerre

Selon le titre d'un ouvrage d'Yves Lacoste (1976), « la géographie, ça sert d'abord à faire la guerre ». Cette formule peut recevoir au moins trois interprétations.

– *La géographie comme contrainte*. La guerre se fait dans l'espace. Celui-ci doit être apprécié en termes tant quantitatifs (distances à parcourir) que qualitatifs (obstacles ou au contraire zones de communication). Ces contraintes sont le fait de la nature (montagnes, rivières, mers), mais aussi des hommes (fortifications, villes…). De plus, l'impact de ces contraintes se modifie, en fonction, d'abord, des instruments techniques, des capacités d'organisation dont dispose l'homme. Ainsi, pour le franchissement des Alpes, Hannibal en 218 av. J.-C. puis Bonaparte en 1800 ont à peu près les mêmes moyens (des fantassins, des chevaux et, pour le général carthaginois, quelques éléphants) ; le rail, l'automobile et surtout l'avion réduisent ou gomment les dimensions de la barrière montagneuse. Toutefois, ces contraintes géographiques, massivement diminuées ou plutôt redéfinies par le progrès, subsistent. Au printemps 1982, la Grande-Bretagne de Margaret Thatcher ne peut effacer les milliers de kilomètres séparant l'Angleterre des îles Malouines, colonie de la Couronne dont s'est emparée l'armée argentine ; il faut alors constituer une armada hétéroclite, faisant appel même à des navires destinés à la casse, et acheminer ce convoi de la Manche à l'Atlantique Sud.

– *La géographie comme terrain de déploiement et de manœuvre.* Si l'espace est une contrainte, il est aussi un point d'appui, un atout. La montagne ou la mer à la fois gênent, dissuadent les envahisseurs et protègent les montagnards ou les insulaires. Il n'y a pas de signification objective de l'espace, mais, au contraire, autant de sens que de points de vue : par exemple, les forêts tropicales sont regardées, vécues, évaluées de manière bien différente par l'habitant, l'explorateur, le trafiquant, l'industriel, le touriste, le poète, l'écologiste… Pour Napoléon – « le dieu de la guerre », selon Clausewitz –, la guerre est d'abord affaire de coup d'œil, de croquis plutôt que de longues explications. La plupart des grandes batailles de l'histoire montrent que le vainqueur a une vision du champ de l'affrontement, mettant en rapport la disposition, l'évolution des troupes et la configuration du terrain. Ainsi Hannibal, lors de la bataille du lac Trasimène (23 juin 217 av. J.-C.), enveloppe-t-il les armées romaines entre un cirque de collines boisées et le lac. Napoléon, à la veille de sa plus célèbre victoire (Austerlitz, 2 décembre 1805), reconnaît le terrain à l'avance et en exploite toutes les possibilités, s'emparant du point central, le plateau de Pratzen, et coinçant les forces austro-russes dans des étangs. En septembre 1870, les armées allemandes repoussent l'armée de Napoléon III vers la cuvette de Sedan, l'enfermant dans une nasse ne laissant à l'empereur qu'une option, la capitulation. En mai 1940, Sedan est à nouveau le lieu de la percée des blindés allemands, contournant le gros des armées franco-britanniques – qui se sont avancées en Belgique – et les prenant dans un immense mouvement de faux. Ce que rappellent ces exemples parmi beaucoup d'autres, c'est l'importance décisive de l'imagination, de l'audace. La géographie ne parle qu'à ceux qui ont l'intelligence de la faire parler. Mais l'homme n'est jamais le maître de la géographie, et d'abord des incertitudes du climat. En 1588, l'Invincible Armada, envoyée par Philippe II pour envahir l'Angleterre, se trouve d'emblée gravement affaiblie, désorganisée par des tempêtes avant de recevoir le coup de grâce des marins anglais. À la bataille de Trafalgar (21 octobre 1805), Nelson, outre sa très grande intelligence de la mer, a aussi la chance avec lui : les vents lui sont favorables et contribuent à la défaite de la flotte franco-espagnole. Enfin, le « général hiver » n'est-il pas souvent présenté comme le véritable vainqueur de Charles XII, puis de Napoléon Ier, puis de Hitler, dans les steppes russes ?

– *La géographie comme enjeu.* Les espaces ou plutôt certains espaces sont disputés parce que les tenir, c'est contrôler un ou des éléments perçus comme décisifs de la puissance. À nouveau cette valeur des espaces est indissociable d'un environnement. Pendant des siècles, la péninsule Arabique reste un désert, parcouru par des caravanes ; ce n'est qu'à partir de l'entre-deux-guerres, avec la recherche et la découverte des réserves de pétrole – au moment où celui-ci commence d'être consommé en très grandes quantités –, que ce désert acquiert une autre valeur par ses ressources en hydrocarbures.

Certains espaces peuvent apparaître comme des enjeux hors du temps : notamment axes ou zones de passage, comme Gibraltar, Suez… Mais, dans l'Antiquité, Gibraltar, alors l'une des Colonnes d'Hercule, est moins le détroit unissant la Méditerranée et l'Atlantique que la frontière du monde civilisé. Quant à l'isthme de Suez, où l'Afrique s'accroche à l'immense Eurasie, il s'agit, depuis des millénaires, d'une région clé, mais sa valeur s'inscrit dans les réseaux d'échanges entre les trois continents (Europe, Asie,

Afrique) ; il faut attendre la seconde moitié du XIXe siècle pour que se combinent développement du commerce maritime entre Europe et Asie et progrès techniques, rendant possible et nécessaire la percée du canal de Suez (1869).

Au moins trois types de facteurs peuvent faire de telle ou telle zone géographique un enjeu majeur (ces facteurs se cumulant souvent) :

• *L'appartenance à un système d'échanges.* Jusqu'au XVIe siècle, l'Atlantique n'est, pour l'Europe, qu'un océan énigmatique, inquiétant. Avec la découverte de l'Amérique (1492), la colonisation et l'émergence des États-Unis comme première puissance économique mondiale à la fin du XIXe siècle, l'Atlantique s'impose, tout au long de la plus grande part du XXe siècle, comme le cœur des échanges mondiaux. D'où l'importance stratégique de l'Atlantique lors des deux guerres mondiales. Cet océan fonctionne comme une voie vitale d'approvisionnement entre les États-Unis et la Grande-Bretagne en lutte contre l'Allemagne. D'où, également, les efforts des sous-marins allemands pour couler un nombre suffisamment élevé de bateaux, menaçant gravement ainsi le ravitaillement de l'Angleterre (bataille de l'Atlantique, 1942-1943).

De même, tout au long de l'antagonisme Est-Ouest, de la fin des années quarante à celle des années quatre-vingt, l'Atlantique conserve cette valeur, la sécurité de l'Europe occidentale face au bloc soviétique s'appuyant sur l'alliance – ou la protection – des États-Unis. Il existe toujours des zones sensibles : les frapper, c'est – au moins en principe – atteindre l'ensemble d'un dispositif.

• *La présence de ressources considérées comme vitales.* Depuis la nuit des temps, les hommes, les peuples s'entre-tuent pour des ressources, qu'il s'agisse de points d'eau, d'or, d'argent, de matières premières, de métaux servant à la fabrication d'armes, d'épices.

La course à l'Eldorado, pays qui garantirait à son possesseur une source inépuisable d'or, est l'un de ces mythes sans cesse renaissants car promettant à l'homme l'impossible : la capacité de pouvoir tout acquérir, l'affranchissement de toute dépendance matérielle. Cet enjeu des ressources vitales évolue profondément depuis le XVIe siècle : découverte et appropriation de terres inconnues, devant receler des richesses infinies ; et surtout révolution industrielle, entraînant l'industrialisation de la guerre. À partir de la seconde moitié du XIXe siècle, en particulier de la guerre de Sécession (1861-1865), le contrôle de certains produits bruts devient une préoccupation centrale pour tout belligérant engagé dans un conflit, surtout si celui-ci se prolonge : charbon pour les chemins de fer et les bateaux ; puis, depuis la Première Guerre mondiale, pétrole pour les navires, les camions, les avions.

• *La valeur symbolique de certains lieux*. La guerre est aussi un affrontement d'imaginaires. Vaincre, c'est prendre, dominer, parfois même anéantir l'imaginaire de l'ennemi ; être défait, c'est reconnaître la faiblesse, l'insuffisance de son propre imaginaire et souvent tenter de s'approprier celui du vainqueur, pour s'y procurer le secret d'une future revanche. Napoléon Ier, lors de la campagne de Russie (1812), pense qu'en s'emparant de Moscou, la ville sainte, il contraindra le tsar Alexandre Ier à s'avouer vaincu et à se soumettre ; mais Napoléon se trompe gravement : en occupant l'ancienne capitale de la vieille Russie, il justifie la résistance des paysans contre l'envahisseur, le violeur de ce qu'il y a de plus sacré.

La France fournit, avec Paris, l'un des meilleurs exemples de l'identification d'un pays à sa capitale. Que Paris tombe aux mains de l'ennemi, et la France se rend. Durant la guerre de Cent Ans, Charles VII, aussi longtemps que Paris est aux Anglais, n'est que « le petit roi de Bourges ».

En 1814, puis en 1815, les vainqueurs de Napoléon jouissent de cette orgueilleuse capitale, qui s'offre à eux. De septembre 1870 à janvier 1871, Paris, assiégé par les forces allemandes, incarne, préserve la résistance nationale ; mais, les armées improvisées par Gambetta échouant à briser l'étau, l'armistice est inévitable. En septembre 1914, les « taxis de la Marne », en contribuant à stopper l'avance allemande sur Paris, empêchent un désastre analogue à celui de 1870 et maintiennent la France dans la guerre. Enfin, lorsque, le 14 juin 1940, la Wehrmacht entre dans Paris, déclaré « ville ouverte », tout paraît fini pour la France ; l'armistice de Rethondes est signé le 22 juin 1940.

Les lieux les plus convoités, les plus disputés à travers l'histoire le sont souvent pour des raisons qui sont au-delà de la raison. Ainsi Jérusalem, parce que, pour des milliards d'hommes, elle reste la ville des trois religions (judaïsme, christianisme, islam), la cité où la Terre s'unit au Ciel.

Le facteur géographique ou, plus précisément, géopolitique est essentiel dans toute guerre. Mais de quelle manière joue-t-il ? Les guerres sont-elles « géopolitiques », c'est-à-dire dominées par le heurt de conceptions contraires de l'espace ? Quel est le poids des motifs, des objectifs d'ordre spatial ?

En fait, les guerres sont des enchaînements complexes, dans lesquels s'entremêlent, interagissent des préoccupations multiples, contradictoires, évolutives, les hommes étant emportés, bousculés dans des dynamiques qu'ils ont peut-être enclenchées mais qui les dépassent. De plus, chaque guerre particulière est aussi le produit de son époque ; les revendications qu'elle exprime, les acteurs qu'elle implique, les forces qu'elle met en scène s'inscrivent tous dans cette époque.

Ce chapitre a pour objet d'évaluer le poids des données géographiques, géopolitiques dans les conflits majeurs du XXe siècle : d'abord, les deux guerres mondiales (I) ; ensuite la guerre froide et, plus largement, l'antagonisme Est-Ouest (II) ; enfin les guerres du Sud, de la décolonisation aux terrorismes.

*

* *

I. LES DEUX GUERRES MONDIALES

Dans les guerres européennes, du Moyen Âge à l'aube du XXe siècle, les convoitises territoriales constituent l'un des principaux motifs d'affrontement. Les princes, tels des seigneurs avides d'accroître leur domaine, se disputent pour accumuler des terres. Il arrive aux plus audacieux de se saisir, comme des voleurs, d'une province (Frédéric II s'emparant, en 1740, de la Silésie, appartenant à l'Autriche de Marie-Thérèse). Cette soif de territoires peut conduire même au dépeçage d'un pays saigné par ses propres divisions (partages de la Pologne entre la Russie, l'Autriche et la Prusse, en 1772, 1793 et 1795). Quels principes ces belligérants invoquent-ils ? Ils raisonnent en termes de droits dynastiques, féodaux. L'idée de formation d'espaces cohérents, homogènes, leur est étrangère. Ainsi Vauban (1633-

1707), esprit rationnel, reproche à Louis XIV de ne pas suffisamment songer à la consolidation de son pré carré.

Ces luttes pour des terres impliquent-elles une perspective géopolitique ? Ne se réduisent-elles pas à des logiques de prédation ? La géopolitique ne contient-elle pas quelque chose de plus : une ou des visions de l'espace, de son organisation en fonction des rapports de puissance ?

La conscience géopolitique moderne s'inscrit dans le formidable élargissement de l'espace qui s'accomplit à partir du XVIe siècle avec les Grandes Découvertes et permet à l'homme de penser concrètement la Terre comme une totalité. Les premiers grands conflits géopolitiques se développent dans le sillage de l'expansion européenne et de l'édification toujours contestée des empires coloniaux. L'amiral américain Mahan (1840-1914), père de la géopolitique de la mer, ne consacre-t-il pas l'essentiel de son travail d'étude à la rivalité pour l'hégémonie océanique entre la Grande-Bretagne et la France de 1660 à 1812 ?

A. La Première Guerre mondiale (1914-1918)

1. L'espace dans les raisonnements politico-stratégiques

Le climat qui précède et qui caractérise la Grande Guerre est bien marqué par une obsession de l'espace, mais celle-ci est, à son tour, conditionnée par les schémas idéologiques de la « Belle Époque ».

– Tout d'abord, le darwinisme social ambiant, conduisant à analyser les rivalités interétatiques comme des prolongements de la lutte permanente pour la vie, fait que chaque nation européenne se sent constamment menacée dans sa substance même. L'espace est donc l'une des clés de la sécurité. À cet égard, l'Allemagne est hantée par sa taille à ses yeux insuffisante, son enclavement au cœur de l'Europe, ce sentiment d'étouffement se trouvant confirmé, amplifié par l'alliance franco-russe en 1893-1894.

– À la veille de la guerre, le partage colonial paraît achevé. Mais peut-il l'être vraiment ? Il reste toujours des morceaux à prendre, ne serait-ce qu'en dépeçant les empires vermoulus (par exemple, possessions portugaises en Afrique, que, par un accord secret de 1898, la Grande-Bretagne et l'Allemagne envisagent de se répartir ; Empire ottoman se défaisant en Europe tout au long du XIXe siècle et mûr pour la curée). Avoir des colonies, c'est disposer de débouchés, de matières premières, c'est être grand et respecté !

– Ce début du XXe siècle est aussi le temps des « pan » : pangermanisme, panslavisme… L'Europe se voit comme le terrain d'affrontement entre ces forces, centrées chacune autour d'une grande puissance (Allemagne et pangermanisme, Russie et panslavisme). Or ces forces réclament de vastes espaces homogènes, unifiés (espace germanique, espace allemand), brisant, broyant les ensembles hétérogènes (d'abord l'Autriche-Hongrie, mosaïque de peuples ayant pour seule unité la dynastie des Habsbourg).

– L'Europe se perçoit comme – et sera bientôt – un seul champ de bataille. Ainsi le célèbre plan allemand Schlieffen, mis au point entre 1898 et 1905, répond à l'alliance franco-russe contre l'Allemagne. En cas de guerre en Europe, l'Allemagne, prise entre deux ennemis, frappera d'abord, à l'ouest, la France, en contournant ses fortifications de l'est par l'invasion de la Belgique (pourtant neutre) puis par une offensive à travers la plaine du Nord. Ensuite, l'Allemagne victorieuse retournera ses armées contre la Russie.

– Enfin, les enjeux territoriaux sont marqués de significations historiques. La France n'oublie pas l'amputation de l'Alsace-Lorraine ; seul le retour des provinces perdues effacera l'humiliation de 1870. Quant à l'Angleterre, elle entre dans la guerre, le 4 août 1914, notamment par un réflexe géopolitique pluriséculaire : s'opposer à toute grande puissance voulant contrôler la Belgique, et donc priver l'Angleterre de son point de liaison avec le continent européen.

2. Les préoccupations ou plutôt les contradictions géopolitiques des principaux belligérants

Selon Napoléon, les nations font la politique de leur géographie ; chacune d'elles serait donc porteuse d'une vision géopolitique cohérente et permanente. Rien n'est moins sûr !

a) L'Allemagne

Selon le célèbre historien allemand Fritz Fischer, écrivant dans les années 1960 (en particulier *Griff nach der Welmacht* [La Revendication de la Domination mondiale], publié pour la première fois en 1961), et faisant valoir que son pays serait le grand responsable du déclenchement de la Première Guerre mondiale, l'Allemagne de Guillaume II est porteuse d'un dessein géopolitique longuement mûri, centré sur l'idée du *Mitteleuropa*, soit de l'édification d'un espace économique s'étendant à l'Europe centrale et même au-delà, sous la direction de l'Allemagne. Le document clé est le « programme économique de septembre » (1914) du chancelier Bethmann-Hollweg. L'objectif est, à l'issue de la guerre, la formation d'une union douanière allant de la France à la Pologne, et donc rejetant du Continent la puissance de la mer, la Grande-Bretagne, et la Russie. Il s'agit déjà d'une « communauté économique européenne », mais celle-ci serait organisée par et autour de l'Allemagne.

Cette vision allemande ne va pas sans interrogations et débats en Allemagne même. Comme l'explique Georges-Henri Soutou dans sa remarquable thèse *L'Or et le Sang. Les buts économiques de la Première Guerre mondiale* (Fayard, 1989) : « Le *Mitteleuropa* au sens le plus large (toute l'Europe moins la Russie, la Grande-Bretagne, l'Espagne et le Portugal) n'avait absorbé [en 1913] que 50 % des exportations du Reich et n'avait livré que 30 % de ses importations. La réorganisation autarcique la plus rigoureuse aurait peut-être permis à l'Allemagne de retrouver sur le continent les débouchés qu'elle aurait perdus par exemple en Angleterre, dans la mesure où les voisins du Reich auraient réorienté leur commerce vers ce dernier. Mais en aucun cas les pays d'Europe centrale n'auraient pu lui fournir certains produits essentiels » (p. 444), comme le coton, le pétrole… Nombre d'Allemands – fonctionnaires, économistes, hommes d'affaires… – connaissent les réalités des échanges de leur pays, sont conscients de l'illusion autarcique et de l'absolue nécessité d'un accès pour l'Allemagne aux marchés non européens.

b) L'Autriche-Hongrie

L'Autriche-Hongrie peut-elle avoir une vision géopolitique ? Elle est un conglomérat de peuples, unis par et sous les Habsbourg. Elle repose sur un principe, le principe dynastique, condamné par l'Histoire, à moins qu'il ne reconquière une légitimité rénovée en se métamorphosant en fondement national – ce que ne peuvent pas accomplir les Habsbourg, gardiens et protecteurs de la diversité des nations d'Autriche-Hongrie.

Dans la guerre de 1914-1918, l'Autriche-Hongrie (qui allume la mèche de la conflagration, en déclarant la guerre à la Serbie le 28 juillet 1914) est engagée dans un combat pour sa survie. Cette lutte à mort, elle ne peut que la perdre, parce que le vent de l'histoire, devenu tempête avec le conflit, porte l'idée de nation.

c) L'Angleterre

L'Angleterre, bénéficiant, tout au long de l'essentiel du XIXe siècle, d'une formidable suprématie économique et financière, est le pays du libre-échange, de l'ouverture des marchés, de la division mondiale du travail. Or, à partir de la fin du XIXe siècle, le Royaume-Uni prend conscience de la précarité de sa puissance, pourtant à son apogée, par le défi que lui jette l'Allemagne de Guillaume II dans les domaines industriel, naval, colonial.

Avec la guerre de 1914-1918, le dilemme britannique – fidélité au libéralisme économique ou instauration d'un système préférentiel centré sur l'empire – se durcit. L'Angleterre peut-elle rester fidèle à la liberté générale des échanges, alors que, déjà frappée par le choc allemand, elle est gravement affaiblie par le conflit, ses lourdes ponctions d'hommes et de capitaux ?

En juin-juillet 1918, le Royaume-Uni réunit à Londres une conférence impériale avec les *dominions*. Le but de l'Angleterre est l'instauration « d'un contrôle de certaines matières premières produites dans l'empire ». Il y a bien là la conception d'un espace impérial, appuyant sa prospérité et sa sécurité sur un commerce organisé, surveillé, de produits bruts perçus comme vitaux. Mais les *dominions* rejettent ce qui leur apparaît comme une atteinte à leur autonomie économique. L'idée de préférence impériale ne meurt pas, cependant ; elle se concrétisera dans le sillage de la crise des années trente, disloquant le système international d'échanges (accords d'Ottawa, 1932).

d) La France

La France, consciente de sa faiblesse démographique et de ses insuffisances industrielles, subissant une saignée effroyable de 1914 à 1918, peut-elle avoir une vision géopolitique ? Ce qu'elle veut est clair : récupérer l'Alsace-Lorraine ; avoir, à ses frontières, une Allemagne irrémédiablement affaiblie, ne pouvant ni la menacer ni la concurrencer.

e) Les États-Unis

La vision géopolitique des États-Unis se concrétise dès le 2 décembre 1823, avec la doctrine de Monroe, résumée par la formule : « L'Amérique aux Américains. » Pour les États-Unis, le continent américain doit constituer un vaste espace indépendant. Les puissances européennes ne sauraient y intervenir (les États-Unis, eux, se réservant le droit d'avoir recours au « gros bâton » sur ce continent). De même, les États-Unis excluent de se mêler des affaires de l'Europe (isolationnisme).

Avec l'éclatement de la Grande Guerre, les États-Unis du président Wilson, dans un premier temps, cherchent à avoir « le beurre » et « l'argent du beurre » : ne pas s'engager dans les combats, tout en s'imposant, lorsque les belligérants se seront bien épuisés, comme un honnête courtier, aidant l'Europe à retrouver la paix. Mais, en avril 1917, les États-Unis doivent s'engager dans la guerre aux côtés de l'Entente.

Les États-Unis ont-ils le choix ? La guerre sous-marine à outrance de l'Allemagne porte une atteinte très grave aux échanges transatlantiques, entraînant même la destruction de paquebots (naufrage du *Lusitania*, transportant notamment 124 Américains, 7 mai 1915). Le maintien des liens entre l'Amérique et l'Europe, la défense de la liberté des océans impliquent bien l'entrée en guerre des États-Unis contre l'Allemagne. La vision géopolitique traditionnelle, centrée, fermée sur le continent américain, se trouve subordonnée – au moins temporairement – à une exigence géopolitique supérieure : la préservation des intérêts économiques internationaux des États-Unis, qui, du fait même de leur formidable expansion, surtout depuis la fin de la guerre de Sécession, accèdent à la puissance mondiale.

Cependant, les États-Unis, fidèles à l'idéalisme qu'incarneraient leurs pères fondateurs, justifient leur participation au combat non par la géopolitique, mais par la volonté d'établir un ordre international conforme à la morale, porteuse d'une vraie paix. Ce sont les célèbres « quatorze points » du président Wilson (8 janvier 1918) : renonciation à la diplomatie secrète ; liberté des mers ; abolition des barrières économiques ; libre développement des peuples ; création d'une Société des Nations…

La politique américaine, même si elle est conditionnée par des données géopolitiques (préservation de l'Atlantique comme zone de circulation), peut-elle développer une vision géopolitique, dès lors que la paix résultera de l'application des « bons » principes aux problèmes européens ?

Tout au long de la conférence de la paix à Versailles (janvier-juin 1919), le président Wilson, face aux dirigeants européens (Lloyd George, Clemenceau, Orlando), se heurte à l'écart entre principes et réalités (revendications françaises sur le Rhin, exigences italiennes sur la Dalmatie…). L'absence au Sénat des États-Unis d'une majorité pour ratifier le traité de Versailles (28 juin 1919) enterre, pour plus de deux décennies, le rêve wilsonien d'un ordre international par les principes et marque le retour à l'isolationnisme, soit à la doctrine de Monroe (bien que les États-Unis restent en fait pris au piège des affaires européennes, à travers la question du remboursement de leurs créances sur la Grande-Bretagne et la France et le dossier des réparations de l'Allemagne).

f) La Russie

Au moment où éclate la guerre, la Russie, pourtant bien fragile après la révolution avortée de 1905, cumule au moins cinq rêves géopolitiques :

• demeurer l'une des grandes puissances de l'Europe, notamment face à l'Allemagne, par une industrialisation certes tardive, anarchique, mais menée à bride abattue ;

• être la nation directrice du panslavisme en dirigeant et soutenant tous les Slaves d'Europe contre la force germanique (d'où, lors de la crise de l'été 1914, l'appui massif à la Serbie contre l'Autriche-Hongrie) ;

• s'affirmer comme l'une des puissances clés de l'Asie, par la conquête de l'Asie centrale et la mise en valeur de la Sibérie (construction du chemin de fer transsibérien), même si cette expansion se trouve repoussée en Extrême-Orient, par la défaite face au Japon en 1905 ;

• briser l'enclavement continental et accéder aux mers libres ;

• enfin, ne pas oublier l'ambition politico-religieuse d'être, après la Rome chrétienne puis Constantinople, la « troisième Rome », celle de l'orthodoxie, de la vraie foi. En 1914, cela signifie : prendre l'ex-Constantinople, Istanbul (et, par conséquent, contrôler les détroits de la mer Noire et détruire l'Empire ottoman). Lors des incessantes tractations secrètes se déroulant, tout au long du conflit, entre les Alliés, la Russie obtient, dans le grand marchandage des dépouilles, la promesse de recevoir Istanbul.

Mais tous ces rêves se fracassent – au moins temporairement – sur les révolutions de 1917.

3. Les incohérences géopolitiques des traités de paix (1919-1920)

La géographie, avec ses climats, ses reliefs, la distribution des hommes dans l'espace, paraît proposer ; le politique dispose en fonction d'idées qu'il croit justes et, bien sûr, de ses intérêts, sur le sens desquels il lui arrive de se tromper. Avec la défaite des empires centraux (Allemagne, Autriche-Hongrie, Empire ottoman) en 1918, l'objectif de la paix, dictée par les puissances occidentales, est d'établir un nouveau paysage géopolitique européen grâce à un principe juste.

a) La dynamique du principe juste : le droit des peuples à disposer d'eux-mêmes

Jusqu'en 1918, les Alliés s'efforcent de concilier, dans leurs buts de guerre, le droit des peuples au libre développement et la préservation d'un équilibre européen (en particulier par le maintien de l'Autriche-Hongrie). Mais les faits sont plus forts que les hommes. L'écroulement de l'empire des tsars, la paix germano-soviétique de mars 1918, la décomposition finale de l'Autriche-Hongrie conduisent à une application du droit des peuples beaucoup moins respectueuse des préoccupations d'équilibre.

Chaque peuple doit donc pouvoir se développer librement, sur un territoire aux frontières sûres et reconnues. D'où la destruction de l'Autriche-Hongrie – prison des peuples, selon la formule appliquée à la Russie des tsars –, la renaissance de l'État polonais, le retour de l'Alsace-Lorraine à la France…

b) Les infinies contradictions du principe juste

– Ce droit des peuples à disposer d'eux-mêmes interdit de toucher à l'unité du peuple qui pèse le plus lourd au cœur de l'Europe et qui est déclaré responsable du conflit : les Allemands. Puisque l'Allemagne ne peut être démantelée, les traités de paix s'efforcent de limiter, d'affaiblir le plus possible cette masse allemande (par exemple, en démilitarisant la rive gauche du Rhin, en prohibant l'*Anschluss* – union de l'Autriche, de langue allemande, à l'Allemagne…).

– Le droit des peuples à disposer d'eux-mêmes peut-il abolir des préoccupations géopolitiques classiques : les impératifs de viabilité des États ; le besoin d'assurer entre eux un minimum d'équilibre ? Aussi la destruction de l'« artificielle » Autriche-Hongrie s'accompagne-t-elle de regroupements que le temps révélera tout aussi « artificiels » (union dans la Tchécoslovaquie des Tchèques et des Slovaques, séparés en mars 1939, réunis en 1945 puis divorcés le 31 décembre 1992). Le souci d'assurer à la Pologne un accès à la mer – le fameux corridor polonais – conduit à couper la Prusse-Orientale du reste de l'Allemagne, à ériger Dantzig en « ville libre » et à semer l'un des germes de guerre dont se servira Hitler en 1939.

– Le droit des peuples à disposer d'eux-mêmes semble impliquer que les peuples sont créés de toute éternité, chacun doté par Dieu d'un territoire précis, regroupant tous les membres de ce peuple dans une entité homogène, reconnue par les autres.

Mais il n'en est rien. Les peuples sont faits et défaits par l'histoire. Nombre de terres sont revendiquées par plusieurs peuples. Certaines régions souvent petites – en particulier en Europe centrale, dans les Balkans et le Caucase – se caractérisent par la cohabitation, l'imbrication, l'entremêlement de nombreux peuples… Alors, pourquoi et comment distribuer équitablement ce que plusieurs réclament ? Pourquoi et comment séparer, dissocier ce que la vie, les migrations de toutes sortes ont réuni ? Les traités de paix combinent plus ou moins habilement plusieurs formules : modifications de frontières ; plébiscites dans les zones contestées (Schleswig, haute Silésie, Sarre…) ; protection des minorités ; déplacement de populations (notamment transferts des Grecs de Turquie et des Turcs de Grèce à la suite du traité de Lausanne, 24 juillet 1923).

B. La Seconde Guerre mondiale (1939-1945) : épanouissement et affrontement des grands schémas géopolitiques

Pour des écrivains, des historiens, des hommes d'État (Churchill, de Gaulle), les deux guerres mondiales peuvent être analysées comme les deux actes d'une seule et même tragédie – une nouvelle guerre de Trente Ans. L'enjeu central en Europe n'est-il pas le même, la lutte contre la volonté hégémonique de l'Allemagne ? Les modes de raisonnement des États impliqués dans la guerre de 1939-1945 prolongent, systématiquement, ceux des belligérants de 1914-1918 (darwinisme social, revendications d'espace vital).

1. L'Allemagne de Hitler, idéologie et géopolitique

Hitler a un programme, exposé dans *Mein Kampf* [Mon combat, 1924-1925]. Ce programme se veut porteur à la fois d'une révolution sociale et politique, celle du national-socialisme, et d'un dessein extérieur, faisant de l'Allemagne la maîtresse du continent européen. Le 5 novembre 1937, donc à la veille de lancer ses défis majeurs à l'ordre de Versailles, Hitler réunit les principaux chefs militaires du Reich et leur expose son projet géopolitique (protocole Hossbach, publié en 1946). Comme l'explique Hitler, l'Allemagne ne dispose pas, sur son sol, des ressources lui permettant de se développer en autarcie économique. Par ailleurs, une participation accrue de l'Allemagne au commerce mondial est trop aléatoire (en particulier à une époque où, dans le sillage de la crise de 1929, les États ont multiplié les barrières aux échanges). Enfin le monde est occupé, partagé ; il n'existe plus de territoire sans maître. La seule voie pour l'Allemagne consiste à obtenir, par la force, « des sources de matières premières dans des régions situées à proximité du Reich ». C'est la constitution de l'espace vital par l'expansion vers l'est.

La politique de Hitler de 1938 à 1942 paraît suivre ce schéma : annexion de l'Autriche ; mainmise sur la Tchécoslovaquie ; partage de la Pologne avec l'Union soviétique ; élimination de la France, afin que l'Allemagne ne soit pas prise – comme en 1914-1917 – entre deux fronts (l'hypothèque britannique n'étant cependant pas levée) ; enfin, couronnement de la vision hitlérienne, attaque de l'Union soviétique, en juin 1941, afin notamment de priver la Grande-Bretagne de tout allié possible sur le continent.

En fait, la politique de Hitler s'organise en définitive autour d'obsessions idéologiques : débarrasser l'Europe des Juifs, détruire le bolchevisme soviétique, réduire en esclavage les « sous-hommes » slaves, assurer, pour mille ans, le règne des « surhommes » aryens. Ces obsessions entrent en contradiction avec les préoccupations géopolitiques. Ainsi, lors de l'occupation de l'Union soviétique de 1941-1944, la férocité, au nom de la race, des répressions, des exterminations ruine toute exploitation rationnelle des ressources de l'Est. De même, en Union soviétique, tant en 1941 qu'en

1942, Hitler repousse au second plan les buts géopolitiques et s'enferme finalement dans des objectifs de prestige : prendre Moscou au cours de l'automne 1941 ; tenir à tout prix Stalingrad – la ville de Staline – durant l'automne 1942, et laisser la VIe armée allemande s'y faire piéger.

2. Le Japon (1932-1945) : la rationalisation géopolitique d'une cascade d'engrenages

À la suite de son ouverture à coups de canon par le commandant américain Perry (1854), le Japon prend conscience que, s'il ne veut pas être colonisé comme l'Inde ou dépecé comme la Chine, il doit imiter en tout l'Occident (ère Meiji, 1868-1912) : se doter d'une Constitution ; avoir une armée à la prussienne ; proclamer une religion d'État, le shinto ; s'industrialiser ; se tailler un empire par la guerre, au détriment de la Chine (1894-1895), de la Russie (1904-1905) ou de l'Allemagne en 1919 (récupération de la plupart des colonies allemandes dans le Pacifique).

Alors, le Japon des années 1930, au moment où il s'engage en Chine dans une nouvelle poussée impérialiste, suit-il un dessein géopolitique ? En fait, le Japon ne cesse d'être tiraillé entre plusieurs projets.

– Dans les années 1930, deux visions s'opposent au sein de l'appareil militaire. Pour le *Kodoha*, « faction de la voie impériale », proche des officiers de troupe, le Japon, prenant appui sur la Mandchourie – devenue, sous la direction japonaise, le Mandchoukouo en 1932 –, doit se construire un espace vital vers le nord (Mongolie, Sibérie), l'ennemi à abattre étant alors l'Union soviétique. Pour le *Toseiha*, « faction du contrôle », représentant plutôt les grades les plus élevés de l'armée, l'expansion du Japon doit se diriger vers le sud *(Southern Thrust)*, s'implanter en Chine et même en Indochine. À la suite de *l'incident du 26-2* (26 février 1936), au cours duquel de jeunes officiers extrémistes abattent plusieurs personnalités hostiles à leur dessein, la reprise en main par le haut commandement entraîne la victoire de la faction *Toseiha*. Et le Japon s'enfonce en Chine, à partir de juillet 1937, et s'empare de presque toute la zone côtière.

– Mais c'est bientôt l'impasse. La Chine souffre terriblement mais résiste, qu'il s'agisse du gouvernement nationaliste de Tchang Kaï-chek ou des guérillas communistes de Mao Zedong. Les États-Unis de Franklin D. Roosevelt ne sauraient accepter une Chine, une Asie fermées et gouvernées par le Japon : à partir de juillet 1940, ils établissent un contrôle sur leurs livraisons de ferraille et de pétrole vers le Japon ; en juillet 1941, à la suite de la mise sous tutelle par le Japon de l'Indochine, c'est l'embargo total sur les fournitures de pétrole, condamnant à la paralysie la machine de guerre japonaise.

Soit le Japon s'incline devant les exigences américaines (retrait d'Indochine et de Chine), soit il opte pour la fuite en avant. Tel un samouraï accomplissant la mort volontaire *(seppuku* ou *harakiri)*, le Japon choisit une voie aux chances presque nulles de réussite : faire subir aux États-Unis un désastre militaire tel qu'ils se résigneront à un compromis avec Tokyo (d'où l'attaque surprise de Pearl Harbor le 7 décembre 1941) ; en même temps, prendre le contrôle de toute l'Asie maritime et ainsi disposer des gisements de pétrole des Indes néerlandaises. Cette stratégie, même si elle se traduit par des victoires impressionnantes (prise de Hong Kong, le 25 décembre 1941, et de Singapour, le 15 février 1942), se brise très vite sur la détermination et la puissance des États-Unis.

– Alors, que signifie le dessein géopolitique du Japon ? En novembre 1938, le Japon préconise un « ordre nouveau en Asie orientale ». À l'aube de la décennie 1940, naît l'expression de « sphère de coprospérité de l'Est asiatique », avec, en 1943 – c'est-à-dire au moment où le reflux japonais est bien amorcé –, la création du « ministère de la Grande Asie orientale ». Tout comme « la communauté économique européenne » préconisée en 1943 par une Allemagne hitlérienne en plein recul, « la sphère de coprospérité asiatique » rationalise, justifie un mélange de grands desseins et d'enchaînements d'actes, arrêtés dans l'urgence.

En fait, l'impact géopolitique majeur de l'expansion japonaise ne bénéficie ni au Japon ni à l'Occident, mais à l'Asie dominée, colonisée, qui, voyant la suprématie blanche jetée à terre, obtiendra, au lendemain de la guerre, et non sans conflits sanglants, l'indépendance.

3. L'Union soviétique de Staline ou la géopolitique de la forteresse

Le « motif fondamental » de Staline

> était la protection de sa position personnelle. Parfois les intérêts de sa position personnelle coïncidaient avec ceux de l'État soviétique dans sa rivalité avec le monde bourgeois. Parfois […] ils ne coïncidaient pas […]. Venait d'abord la protection de sa position personnelle ; et ce fut la clé de sa diplomatie […]. Pour cette raison, sa stratégie favorite était simple. Elle peut être résumée en une seule formule : « diviser pour régner ». D'où l'effort instinctif de Staline (qu'il appliquait également à sa vie personnelle) pour diviser ses opposants, les conduire à s'affronter les uns les autres, à gaspiller ainsi leurs forces, tandis que lui conservait la sienne (George Kennan, *Russia and the West under Lenin and Stalin*, 1961).

À travers ce texte, se dessine une géopolitique de l'Union soviétique de Staline, façonnée, semble-t-il, par le caractère, la vie, les phobies de l'individu Staline.

Pour Staline, fidèle en cela à la démarche de plusieurs tsars, et se débarrassant du rêve de Trotski d'une révolution communiste, sinon mondiale, au moins européenne, l'Union soviétique, patrie du socialisme, doit être une forteresse, à la fois quadrillée, surveillée à l'intérieur (police secrète, camps du Goulag), et hermétiquement fermée sur l'extérieur.

Conformément à cette vision, le mouvement communiste international (IIIe Internationale ou Komintern, 1919-1943, puis Kominform, 1947-1956) doit être au service de cette stratégie. Il s'agit non de chercher une victoire universelle du communisme – qui, alors, échapperait nécessairement à la poigne de Staline –, mais d'utiliser les partis communistes pour affaiblir les ennemis de l'Union soviétique, ou, plus précisément, tous ceux, quels qu'ils soient, que Staline redoute – c'est-à-dire l'humanité tout entière.

Lorsque, le 23 août 1939, est signé le pacte germano-soviétique, Staline est parfaitement logique avec lui-même. En concluant un traité de non-agression avec Hitler – qui n'a jamais dissimulé sa volonté de détruire le bolchevisme soviétique –, Staline pense détourner la guerre de son pays et ainsi tirer, le moment venu, les marrons du feu, soit du conflit européen dans lequel vont s'entre-tuer, à partir de septembre 1939, l'Allemagne, la Pologne, la Grande-Bretagne et la France. Mais le raisonnement de Staline, qui se méfie, pourtant, de tous les hommes, révèle deux faiblesses, aux conséquences tragiques : une insuffisante estimation de la force allemande, qui balaie l'armée française dès le printemps 1940 ; l'illusion d'une sorte d'entente du cynisme avec Hitler, en particulier par la fourniture de matières premières à l'Allemagne. Le 22 juin 1941, l'opération Barbarossa fait voler en éclats la collaboration germano-soviétique.

À l'issue de la guerre, Staline le communiste, hanté par son obsession de la forteresse sans cesse menacée tant de l'intérieur que de l'extérieur, adopte une ligne géopolitique finalement classique. En Europe, il garde le morceau de

Pologne obtenu par le pacte germano-soviétique de 1939. La Pologne, repoussée vers l'ouest et dotée d'un gouvernement à la botte de Moscou, est recréée ; Staline, tirant la leçon de la surprise tragique du 22 juin 1941, dispose ainsi d'un État tampon – qu'il contrôle – entre l'Union soviétique et l'Allemagne. En Extrême-Orient, Staline déclare la guerre, le 8 août 1945 (soit entre la bombe atomique sur Hiroshima et celle sur Nagasaki), à un Japon ravagé, au bord de la capitulation ; et Staline récupère les territoires (et même un peu plus) que la Russie de Nicolas II a cédés à la suite de la défaite de 1905 ; pour l'homme d'acier, rien ne s'oublie. Staline, héritier des tsars, métamorphose leur soif d'expansion en une entreprise quasi paranoïaque.

L'enseignement de la géopolitique est interdit en Union soviétique : elle est la discipline maudite d'une Allemagne maléfique. Peut-être y a-t-il, dans le secret de l'esprit de Staline, un autre motif : pourquoi laisser enseigner cette science de la puissance, susceptible de répandre de redoutables secrets, et surtout de révéler, sous les apparences radieuses de l'Union soviétique stalinienne, ce qu'est le pouvoir… Yves Lacoste, dans le *Dictionnaire de géopolitique* publié sous sa direction (Flammarion, 1993, p. 13-14), écrit :

> Staline avait fait interdire, en Union soviétique et dans tous les États dirigés par les partis communistes, toute référence à la géopolitique (et même à la géographie humaine suspecte de connivence), sinon pour la dénoncer comme consubstantielle du nazisme, et encore ne fallait-il pas trop insister. Il semble qu'il ait voulu faire absolument oublier la grande opération géopolitique qu'avait été le pacte germano-soviétique où il s'était laissé piéger, en ne prévoyant pas que l'attaque allemande viendrait moins de deux ans plus tard.

4. L'Angleterre et les États-Unis : le passage du mondialisme

Tout au long du XIXe siècle et même jusqu'à la Première Guerre mondiale, l'Angleterre incarne et promeut la mondialisation des échanges, l'ouverture des frontières. Elle réunit alors trois atouts fondamentaux : sa considérable avance économique, qui fait d'elle l'atelier de la planète, au moins pendant les trois premiers quarts du XIXe siècle ; son immense empire, dans lequel elle fait la loi, notamment économique, et qui assure tout de même des débouchés à ses industries ; enfin, la maîtrise des océans.

Ces trois atouts ne peuvent qu'être temporaires. À partir du dernier tiers du XIXe siècle, deux grands rivaux apparaissent : l'Allemagne et surtout les États-Unis. Or, avec la Seconde Guerre mondiale, s'accomplit le transfert du fardeau du Royaume-Uni vers les États-Unis. Mais cette opération est bien particulière. Le Royaume-Uni, pour laquelle les États-Unis sont comme un fils ayant superbement réussi, adhère largement à ce transfert ; le Royaume-Uni, fatigué, se dessine peu à peu un rôle plus conforme à ses ressources, celui de fidèle second, de conseiller écouté de ce jeune frère vigoureux mais encore mal dégrossi, les États-Unis. Quant à ces derniers, retournés à l'isolationnisme dès 1919, ils entrent à reculons dans la guerre ; le président Roosevelt est conscient du caractère inéluctable de cette nouvelle épreuve, mais les États-Unis ne s'y soumettent que parce qu'ils se réveillent traîtreusement agressés (attaque japonaise contre la base américaine de Pearl Harbor, le 7 décembre 1941, puis déclaration de guerre de l'Allemagne hitlérienne, le 11 décembre 1941).

Le texte exprimant ce passage du flambeau de la mondialisation du Royaume-Uni aux États-Unis est la Charte de l'Atlantique, signée entre Churchill et Roosevelt le 14 août

1941. Les États-Unis sont encore hors de la guerre ; l'Angleterre, dans sa résistance à l'Allemagne de Hitler, a été rejointe par l'Union soviétique, quelques semaines plus tôt. La Charte de l'Atlantique, reprenant et amplifiant les « quatorze points » de Wilson, ébauche un mondialisme qui s'étendrait à toute la planète : interdiction de toute modification territoriale sans le consentement des populations ; libre choix pour chaque peuple de son mode de gouvernement ; égalité devant l'échange et l'accès aux matières premières pour tous les peuples, grands ou petits, vainqueurs ou vaincus ; collaboration des États dans les domaines économique et social ; liberté des mers…

Par cette déclaration commune, les deux grandes nations anglo-saxonnes marquent leur profonde unité face à l'organisation de la paix future. Pourtant, ce transfert de responsabilités du Royaume-Uni vers les États-Unis suscite deux types de tensions géopolitiques.

– Si le Royaume-Uni accepte la perspective d'être le brillant second des États-Unis, il n'en continue pas moins de se vouloir grande puissance. Tout d'abord, l'Angleterre garde, dans ces années 1940, un vaste empire ; or, pour les États-Unis de Roosevelt, la paix à venir exige la décolonisation, la disparition des empires coloniaux (britannique, français, néerlandais…), à la fois produits de temps révolus et obstacles à la formation d'un système réellement universel. De même, l'Angleterre, attachée à son statut de puissance, est associée au programme de mise au point de la bombe atomique ; mais les États-Unis manifestent des réticences de plus en plus fortes à partager le secret d'une arme aussi terrible (crise anglo-américaine en 1943 ; loi McMahon, établissant un contrôle très strict sur les informations en matière nucléaire, en juillet 1946). À l'issue de la Seconde Guerre mondiale, le Royaume-Uni se dote d'une force nucléaire… en cachette des États-Unis.

– Quant aux États-Unis, engagés dans la guerre à partir de décembre 1941, ils imaginent mal de ne pas revenir, une fois l'Allemagne et le Japon vaincus, à cette insularité, à cet isolationnisme qui leur ont permis de se construire, de se développer loin des conflits européens. Pour le président Roosevelt, la paix future reposera sur des structures institutionnelles (d'abord l'Organisation des Nations unies, ONU) et une concertation des principaux vainqueurs (États-Unis, Union soviétique, Chine, Grande-Bretagne et, finalement, France) au sein de ces structures (Conseil de sécurité de l'ONU). Les États-Unis ne sont pas prêts à diminuer leur souveraineté au nom de l'ordre mondial ; ainsi, lors des négociations de Bretton Woods (1er-22 juillet 1944) pour l'établissement d'un nouveau système monétaire international, s'opposent-ils au plan britannique, présenté par le grand économiste Keynes et préconisant la création d'une monnaie internationale, le bancor (la livre sterling, cœur du système monétaire mondial de 1815 à 1914, se trouvant alors remplacée non par une autre monnaie nationale – le dollar – mais par une formule historiquement nouvelle, une monnaie émise par un fonds commun à l'usage des banques centrales).

À l'issue de la Première Guerre mondiale, les vainqueurs, invoquant le droit des peuples à disposer d'eux-mêmes, ont bouleversé et redessiné la carte d'une grande partie de l'Europe et du Moyen-Orient. En 1945, le discours des vainqueurs se réfère aux mêmes principes (en particulier *Déclaration sur l'Europe libérée*, Yalta, 11 février 1945). Mais les vainqueurs de 1945 sont des réalistes. Les frontières européennes sont revues et corrigées non pour satisfaire le droit des peuples à disposer d'eux-mêmes mais pour des motifs de stricte puissance. L'Allemagne vaincue doit être punie ; elle perd donc un morceau de ses territoires orientaux. Ceux-ci sont transférés à la Pologne, poussée vers l'ouest pour faire de la place à l'un des deux grands vainqueurs, l'URSS.

II. L'ANTAGONISME EST-OUEST

L'antagonisme Est-Ouest – c'est-à-dire le bras de fer permanent entre le bloc atlantique et le bloc soviétique, de la fin des années 1940 à celle des années 1980 – semble marquer la fin de la géopolitique, pour deux raisons essentielles :

– *La première d'ordre idéologique.* Le système mondial se cristallisant autour de la lutte entre deux idéologies (démocratie libérale et capitaliste ; marxisme-léninisme) à prétention universaliste, cet affrontement idéologique éliminerait, absorberait toutes les autres sources de conflit. Ainsi, en Europe, cœur du face-à-face Est-Ouest, la logique des blocs efface ou écrase – au moins temporairement – les rivalités interétatiques qui ont déchiré le Vieux Continent pendant des siècles. Désormais, il ne subsisterait qu'un seul enjeu : des deux idéologies, laquelle est appelée à régir notre planète tout entière ?

– *La seconde d'ordre stratégique.* L'instauration du système Est-Ouest, à la fin des années 1940 et dans les années 1950, est contemporaine d'une double révolution dans le domaine militaire : la mise au point d'une arme aux immenses capacités de destruction (atome) et d'engins capables de la transporter sur de très grandes distances à une vitesse extrême (fusées, missiles). Avec cette double révolution, les données spatiales perdraient toute importance, la terre ne formant plus qu'un seul champ de bataille. De plus, les deux alliances (Alliance atlantique, Pacte de Varsovie) se faisant face sont conçues pour une Troisième Guerre mondiale, combat total dont l'issue déterminerait définitivement l'idéologie et le camp victorieux. À l'ombre d'une perspective aussi apocalyptique, les jeux anciens de la puissance, des ambitions territoriales n'auraient plus de sens.

En fait, l'antagonisme Est-Ouest confirme que les situations en apparence les plus inédites (par exemple, l'organisation du monde autour de deux pôles, États-Unis, Union soviétique), les innovations les plus extraordinaires (par exemple, atome, fusée) ne constituent pas une humanité radicalement nouvelle ; au contraire, l'inédit, le neuf se trouve manipulé, façonné par le constant, l'ancien. Ainsi, les problèmes géopolitiques à la fois sont attirés dans la logique Est-Ouest et la perturbent, la brouillent. De plus, l'antagonisme Est-Ouest rappelle que tout facteur (géopolitique, idéologique, économique…) n'est jamais un déterminant unique ; au contraire, il est bousculé, transformé par d'autres facteurs. Tout au long de l'antagonisme Est-Ouest, la donnée idéologique ne cesse d'être réinterprétée en fonction de préoccupations géopolitiques et *vice versa*.

A. Idéologie et géopolitique dans l'antagonisme Est-Ouest

1. Les États-Unis : la tentation idéologique

Une démocratie peut-elle mener une politique non idéologique, c'est-à-dire guidée exclusivement par des considérations de puissance et d'équilibre ? La démocratie dans sa forme moderne, depuis la fin du XVIIIe siècle, se fonde sur une conception de l'homme, défini comme un être rationnel, raisonnable, disposé au dialogue et au compromis. Comme le souligne déjà Tocqueville dans *De la démocratie en Amérique* (1835-1840), cette conception fait de la démocratie un régime pacifique, *a priori* peu prêt à la guerre ; en même temps, la seule vraie sécurité pour une démocratie est d'être entourée d'autres démocraties. Face à des États autoritaires ou totalitaires, la démocratie est inquiète, vulnérable, sentant qu'ils ont pour eux la discipline, la force, tandis qu'elle doit sans cesse obtenir le consentement des citoyens. En bref, la politique étrangère de toute démocratie recèle un penchant idéologique, résultant de la conviction qu'une paix authentique, perpétuelle, requiert le ralliement de tous les hommes aux règles démocratiques.

Lorsque, en février 1947, George Kennan, alors chargé d'affaires à l'ambassade des États-Unis à Moscou, adresse au Département d'État, à Washington, le « long télégramme » – repris dans la revue *Foreign Affairs* de juillet 1947 – qui fera de ce diplomate historien le père – au moins intellectuel – de l'endiguement *(containment)*, son raisonnement est géopolitique : « La personnalité politique de la puissance soviétique, telle que nous la connaissons aujourd'hui, est le produit de l'idéologie et des circonstances. » L'Union soviétique est une construction « géo-idéologique », dans laquelle l'unité d'un espace (celui du *heartland*) est maintenue par la combinaison d'une foi idéologique et d'un système répressif auquel nul ne saurait échapper.

Selon Kennan, grand connaisseur de l'Europe, de ses langues et de son histoire, l'Union soviétique de Staline est un avatar, certes terrible, de la Russie des tsars. Le régime stalinien, fondé sur la peur (à la fois peur de n'importe quel Soviétique d'être à tout moment arrêté et aussi peur de Staline, pour lequel le plus proche des collaborateurs est toujours un traître probable), ne peut survivre qu'en se sentant assiégé et contraint à une expansion permanente. Aux yeux de Kennan, le système soviétique, derrière sa façade impressionnante, est fondamentalement fragile ; que se dissipe le climat oppressant d'adoration du tyran, de mobilisation permanente contre les ennemis extérieurs et intérieurs, et le régime s'effondrera. Peut-être « la forte lumière diffusée par le Kremlin n'est-elle que le dernier éclat d'une constellation en voie d'extinction ». De cette analyse, Kennan déduit une politique : une « adroite et vigilante application de contreforces sur une série de points géographiques et politiques constamment mouvants, en fonction des mouvements et manœuvres de la politique soviétique ». Il faut parier sur le temps, contenir les poussées de l'Union soviétique, aider l'Europe – alors très appauvrie – à se reconstruire, car le communisme s'épanouit là où il y a la misère. Pour Kennan, le problème réside moins dans la diffusion de la révolution marxiste-léniniste que dans le blocage d'un phénomène de puissance, qui doit être stoppé non par préoccupation morale, mais parce que toute puissance excessive provoque des déséquilibres conduisant à la guerre.

Kennan, même si ses analyses reçoivent un immense écho, peut-il être compris ? Sa démarche n'est pas « américaine », ne s'intéressant qu'aux jeux de la puissance pure, et séparant morale et politique. Or la doctrine du *containment* formulée par le président Harry Truman le 12 mars 1947 part de prémisses opposées : le communisme est la peste, le Mal ; il faut donc lancer une croisade, lutter partout avec tous les moyens possibles. « La politique des États-Unis doit soutenir les peuples libres résistant à toute tentative de domination par des minorités armées ou par des pressions extérieures. »

De la fin des années 1940 à la fin des années 1980, cette question de la signification et des modalités de la lutte contre le communisme soviétique demeure au centre des débats sur la politique extérieure des États-Unis, d'abord et surtout à travers l'affaire vietnamienne. Tout au long des années 1950 et 1960, l'engrenage vietnamien, se traduisant par l'envoi de plusieurs centaines de milliers de soldats américains en Indochine, résulte de la théorie des dominos

(« Vous avez ce que vous appelleriez le principe du “domino qui tombe” : vous avez une rangée de dominos debout, vous renversez le premier, et ce qui arrivera au dernier est la certitude qu’il tombera très rapidement » – président Eisenhower, avril 1954). Le communisme agit comme une épidémie ; qu’il contamine l’Indochine ex-française, et à leur tour la Birmanie, la Thaïlande, la Malaisie, l’Indonésie, etc., seront frappées. Cette certitude d’être saint Georges face au dragon, les États-Unis la paient très cher en Indochine. Comme beaucoup de luttes entamées au nom des principes les plus nobles, celle des États-Unis au Vietnam se décompose, parce que l’allié (Sud-Vietnam) est équivoque, parce que l’ennemi (Nord-Vietnam) se fait obstinément tuer pour sa cause, parce que les moyens employés (bombardements, regroupement de populations, ratissages policiers…) dégradent encore cette guerre incertaine.

Richard Nixon, président de 1969 à 1974, et son conseiller Henry Kissinger – né en Allemagne, et formé par l’histoire de l’Europe – mettent fin à l’engagement américain au Sud-Vietnam (1973-1975). Ils adoptent une démarche géopolitique classique. Ainsi opèrent-ils avec succès un rapprochement spectaculaire avec la Chine de Mao Zedong (voyage historique du président Nixon, février 1972).

Il s’agit bien d’une opération géopolitique : que la Chine soit communiste, que les États-Unis soient capitalistes, ce qui importe, c’est, par la normalisation entre Washington et Pékin, de contrebalancer l’Union soviétique et son expansionnisme.

Cette tension entre idéologie et géopolitique se manifeste à nouveau sous la présidence Carter (1977-1981). Celle-ci prend pour axe de politique étrangère la promotion des droits de l’homme et veut lier à leur respect l’aide des États-Unis.

Très vite, la contradiction éclate, notamment face à l’Iran du shah. Ce pays est vital dans le dispositif américain, par sa localisation à la charnière de l’Union soviétique et du golfe Persique ; mais l'Iran du shah est loin d'être exemplaire dans le respect des droits de l'homme (rôle de la police secrète, la SAVAK).

Le président Carter se rallie au réalisme (visite, le 31 décembre 1977, à Téhéran) et reconnaît l'importance géopolitique capitale de l'Iran, consacré comme « un îlot de stabilité », au moment même où se forme l'immense vague islamiste, conduite par l'ayatollah Khomeyni, qui détruira le régime du shah.

Dans la première moitié des années 1980, le président Reagan renoue avec la rhétorique de la guerre froide : l'Union soviétique est « l'empire du mal » ; les démocraties occidentales doivent aider les mouvements de résistance contre le communisme, notamment dans le tiers monde où, dans les années 1970, se sont multipliés les États clients de l'Union soviétique (du Vietnam à l'Éthiopie, de l'Angola au Mozambique, de l'Afghanistan au Nicaragua).

En fait, à partir de l'avènement au pouvoir de Mikhaïl Gorbatchev en Union soviétique (mars 1985), la logique idéologique recule au profit de la logique géopolitique. Pour les États-Unis, l'Union soviétique – au moins jusqu'à la fin de la décennie 1980 – reste l'ennemie ; il faut la déstabiliser (par exemple, en l'épuisant par une relance de la course aux armements). Or, en même temps, la puissance de l'Union soviétique, les intérêts « objectifs » communs qu'elle partage avec l'Amérique – en matière d'ordre international, de lutte contre la prolifération des armements – font de Moscou le premier partenaire politico-stratégique de Washington. D'où une nouvelle détente Est-Ouest à la fin des années 1980, jusqu'à l'écroulement des démocraties populaires d'Europe orientale (automne 1989) et à la liquidation de l'Union soviétique, le 25 décembre 1991.

La relation des États-Unis avec l'Union soviétique, de la fin des années 1940 à 1991, confirme d'abord la centralité du facteur idéologique dans la politique extérieure d'une démocratie. Pourquoi ? Une démocratie pluraliste repose sur un accord étroit et toujours précaire entre gouvernants et gouvernés, l'adhésion des seconds étant toujours indispensable – et toujours révocable – en cas d'engagement extérieur. De plus, la démocratie, régime pacifique, ne se sent vraiment tranquille qu'entourée d'autres démocraties. Toutefois, toute démocratie demeure un État, avec un territoire et une population ; elle ne peut s'affranchir des impératifs et aussi des rêves classiques de l'État (sécurité intérieure et extérieure ; quête de succès internationaux).

2. Fraternité socialiste et permanences géopolitiques

Selon la rhétorique marxiste-léniniste, la guerre est le propre des États capitalistes, en proie à des contradictions qu'ils ne surmontent que par des affrontements sanglants. À l'inverse, les États socialistes sont nécessairement frères. Ainsi, à l'issue de la Seconde Guerre mondiale, la libération de l'Europe orientale par l'Armée rouge entraîne la constitution, entre l'URSS et les pays de cette région, d'une « communauté socialiste », où, sous la direction de Moscou, les régimes frères s'engagent à défendre les acquis du socialisme contre tout ennemi intérieur et extérieur. La géopolitique, les préoccupations opposées de sécurité et de puissance disparaissent donc dans un monde communiste.

En fait, il n'en est rien. Toute idéologie révolutionnaire – notamment le marxisme-léninisme – imagine de changer l'homme, de le libérer de ses réflexes instinctifs (peur de manquer, d'être agressé ; envie de posséder ce que l'autre a). L'homme reste l'homme. De plus, ce que des siècles ont construit – langues, cultures, nations… – peut-il être effacé par un système rationnel, écartant, au nom de l'unité de l'homme, les innombrables différences entre les hommes réels ?

L'Union soviétique de Staline et de ses successeurs pense (consciemment ? inconsciemment ?) en termes géopolitiques : la communauté socialiste est une forteresse assiégée, menacée par toutes sortes d'infiltrations (de l'espionnage à la circulation clandestine de cassettes vidéo), et devant s'emparer de points d'appui (en particulier dans le tiers monde) pour disloquer et vaincre la coalition capitaliste occidentale. Dès qu'une idéologie s'enracine dans un État (ainsi le marxisme-léninisme, principe fondateur de l'Union soviétique), elle est refaçonnée par cette réalité territoriale et politique ; d'où une dialectique complexe entre les intérêts de l'État soviétique et les buts de l'idéologie communiste, de 1917 à 1991.

Les interactions entre idéologie et géopolitique sont illustrées avec une netteté particulière par les rapports entre l'Union soviétique et la Chine communiste, de 1949 à 1989.

Le 1er octobre 1949, la Chine continentale devient, sous la direction de Mao Zedong, la République populaire de Chine. C'est une victoire historique pour le communisme, qui devient l'idéologie du peuple le plus ancien, le plus nombreux de la planète. Pour Staline, à la tête de l'Union soviétique, ce triomphe n'est pas le sien. Ce que voit l'homme d'acier, c'est, au flanc oriental de l'URSS, l'énorme masse chinoise unie, donc dangereuse, peut-être tentée bientôt de revendiquer un morceau de Sibérie. De plus, la Chine étant communiste, Moscou n'est plus pleinement la capitale du marxisme-léninisme et risque d'être concurrencé par une nouvelle Jérusalem, Pékin.

Pourtant, de 1949 à la fin des années 1950, les deux colosses communistes jouent le jeu de la fraternité socialiste. L'URSS, en pleine guerre froide avec les États-Unis, ne peut refuser un allié aussi lourd que la Chine. Quant à cette dernière, ravagée par des décennies de guerre, non reconnue par les pays occidentaux (sauf par la Grande-Bretagne), elle a un besoin vital d'aide, et l'URSS est malgré tout un État frère.

À partir de la seconde moitié des années 1950, l'amitié – certes obligée – vire à la haine et entraîne la cassure entre Moscou et Pékin. Les deux raisons majeures de ce divorce soulignent bien l'imbrication de l'idéologie et de la géopolitique, la première se trouvant mise au service de la seconde tout en demeurant un enjeu propre.

– La rupture s'opère, en premier lieu, sur le terrain idéologique. Alors que l'Union soviétique de Khrouchtchev s'engage, en 1956, dans la déstalinisation – c'est-à-dire dans le « révisionnisme », selon l'accusation de Pékin –, la Chine, qui, jusqu'alors, s'est comportée en élève discipliné du maître soviétique, se pose, avec le Grand Bond en avant (1958), en patrie du communisme authentique, l'Union soviétique n'étant plus qu'un pays embourgeoisé. Pour les deux géants du communisme, cette lutte féroce, afin de déterminer lequel incarne la vérité, est fondamentale ; ce qui est en cause pour chacun, c'est leur légitimité d'État révolutionnaire.

– L'autre motif de la séparation, intimement lié au précédent, est plus clairement géopolitique. À la suite de la mort de Staline (1953), l'Union soviétique découvre peu à peu qu'elle a des atouts de puissance (en particulier, démocraties populaires d'Europe orientale, moyens nucléaires) à protéger. De ce point de vue, le danger vient moins de l'ennemi américain – qui, lui aussi, cherche à préserver sa puissance – que de tout État réclamant, pour lui, tel ou tel de ces atouts.

Ainsi, l'Union soviétique conclut, le 15 octobre 1957, avec la Chine un accord de coopération pour aider cette dernière à acquérir l'arme nucléaire ; le 20 juin 1959, l'accord est dénoncé par Moscou : pourquoi livrer à un autre – même plus ou moins ami – ce qui est perçu comme l'arme absolue ? Quant à la Chine, elle se sent flouée, privée de ce qui, à ses yeux, représente l'outil décisif de sa sécurité ; et c'est « par ses propres forces » que, dans les années soixante, elle se dotera d'une force de dissuasion.

En mai 1989, après de nombreuses péripéties, l'Union soviétique et la Chine normalisent leurs relations, à l'occasion de la visite de Mikhaïl Gorbatchev à Pékin, alors que se déchaînent les événements de la place Tiananmen ou du « printemps de Pékin ». Le temps des haines, des invectives, des grandes manœuvres géopolitiques est bien révolu. Que subsiste-t-il ? L'URSS et la Chine gardent quelque chose de commun : leur héritage marxiste-léniniste ; mais chacune sort de ce passé à sa manière (l'Union soviétique de Gorbatchev par une libéralisation politique chaotique, s'achevant par l'éclatement du colosse ; la Chine de Deng Xiaoping par l'établissement d'une économie de marché, tout en conservant pour le Parti communiste le monopole du pouvoir). Chacune des deux est absorbée par les difficultés de sa transition et compare ses performances ou ses échecs à ceux de l'autre. Il ne reste plus, entre Moscou et Pékin, qu'à mettre sur pied un mode de cohabitation. L'idéologie est moribonde ; la donne géopolitique est à rebâtir.

B. Fait nucléaire et géopolitique dans l'antagonisme Est-Ouest

La double révolution de l'atome et du missile abolit-elle la géopolitique, c'est-à-dire les jeux de la sécurité et de la puissance dans l'espace ?

1. Le bouleversement de la problématique de la guerre et de l'espace

La géopolitique, qu'élaborent, dans la première moitié du XXe siècle, aussi bien Mackinder que Haushofer, a pour horizon la guerre, et celle-ci a pour enjeu ultime le contrôle de l'espace. Or l'union de l'atome et du missile bouleverse cette problématique.

a) La guerre, dans les formes qu'elle a revêtues lors des deux conflits mondiaux, devient, semble-t-il, impossible. L'arme nucléaire, par ses capacités de destruction massive, interdit, entre ses détenteurs, ces chocs massifs, frontaux, qui caractérisent les deux conflagrations majeures du XXe siècle ; de tels chocs s'achèveraient par l'anéantissement réciproque des adversaires. D'où les notions d'*équilibre de la terreur* et de *dissuasion* : il ne s'agit plus de conquérir des espaces, de vaincre par des manœuvres, mais de gérer, au bord du gouffre, la rivalité des puissances atomiques, et d'abord des États-Unis et de l'URSS.

b) L'espace, ses contraintes, ses opportunités seraient abolis, un missile nucléaire pouvant, de n'importe quel endroit de la planète, frapper, après un parcours de quelques minutes, n'importe quel lieu, si éloigné soit-il. En fait, il n'en est rien. Le temps et l'espace se trouvent massivement contractés. Les hommes doivent alors raisonner non en mois, en jours, en heures, mais en minutes et en secondes.

Quant à l'espace, il reste un facteur essentiel. La taille des États-Unis, l'immensité de l'Union soviétique offrent des possibilités de dispersion, de déplacement, de dissimulation des armes, bien plus difficiles à réaliser sur des territoires de taille moyenne et, en outre, fortement peuplés. De même, l'espace demeure hétérogène : par exemple, les océans offrent aux sous-marins nucléaires une quasi-invulnérabilité que ne peuvent avoir des fusées déployées à terre.

2. L'utilisation de l'espace à l'époque de l'équilibre de la terreur

Dans les années 1950 et 1960, les États-Unis (en Corée, en Indochine) et l'Union soviétique (face à la Chine) se rendent compte que le recours à l'arme nucléaire est quasiment impossible. Certes cette arme permet de provoquer des ravages effroyables, mais celui qui la déclencherait – sans être, lui-même, menacé d'anéantissement – apparaîtrait comme déchaînant une violence aveugle, irrationnelle et échappant à toute logique politique.

D'où, tout au long de l'antagonisme Est-Ouest, l'utilisation de la planète tout entière comme champ d'affrontement entre les stratégies indirectes des États-Unis et de l'Union soviétique, par l'installation de bases ou les alliances avec tels ou tels États du tiers monde. Les États-Unis reprennent la politique du cordon sanitaire (isolement de la Russie, à la suite de la révolution de 1917) et mettent sur pied, à la périphérie de l'URSS, un réseau visant à contenir la poussée soviétique vers l'ouest et le sud (Europe occidentale, Turquie, Iran du shah, Pakistan…). Quant à l'Union soviétique, réinventant la politique des tsars, elle contourne l'encerclement, à la fois en trouvant des États clients (de l'Égypte de Nasser à l'Inde ou au Vietnam) et en bâtissant une flotte colossale.

III. GÉOPOLITIQUE ET CONFLITS DU SUD

Les guerres du tiers monde, dans le sillage de la fin des empires coloniaux, obéissent à des motifs qui n'ont rien de nouveau : s'affirmer ou se construire comme nation ; établir sa sécurité ; concrétiser une volonté de puissance.

La spécificité des expériences du Sud résulte du heurt de deux histoires. D'un côté, les États décolonisés sont bien les enfants et les héritiers des colonisateurs ; ces derniers ont tracé leurs frontières, imposé des modes européens d'administration et conduit les colonisés à se penser plus ou moins dans les concepts occidentaux (modernité, technique, nation, égalité, liberté).

De l'autre côté, ces États décolonisés demeurent imprégnés de l'histoire d'avant la colonisation. Le partage de l'Amérique latine, du Moyen-Orient ou de l'Afrique en États à l'européenne s'inscrit dans des réalités, des conflits – raciaux, tribaux, religieux… – pluriséculaires. Les frontières dessinées par les colonisateurs constituent autant d'éléments de clarification, de stabilité ; il n'empêche que la légitimité, la permanence de ces limites sont entourées d'incertitudes, parce qu'elles n'ont pas respecté – et ne pouvaient peut-être pas respecter – les données humaines, ethniques, antérieures à l'ère coloniale.

D'où, dans le Sud, l'imbrication de rivalités géopolitiques classiques (par exemple, pour la suprématie dans une région donnée) et d'antagonismes liés aux distorsions entre cadres étatiques et facteurs humains, issus d'un passé parfois très lointain, complexe, contradictoire. Quatre cas peuvent illustrer ces problèmes géopolitiques : Israël ; le golfe Persique ; l'ex-Yougoslavie ; l'islamisme terroriste.

A. Israël et les Arabes : au moins trois logiques géopolitiques

Du point de vue strictement géopolitique, l'État d'Israël, créé en 1948, a deux traits essentiels. Cet État des Juifs, selon la formule de celui qui l'a pensé, Theodor Herzl, prend forme, à partir du début du XXe siècle, comme une enclave étrangère, occidentale, en Palestine, au sein du monde arabe. En outre, cette zone du Proche-Orient (Israël, Liban, Syrie, Jordanie), où se concentre une histoire d'une richesse et d'une violence extrêmes, est petite (Israël, dans les frontières de 1949 : 20 700 km^2, 8 000 utiles ; Cisjordanie : 6 000 km^2...) et surpeuplée.

Face à ces données, trois logiques géopolitiques – pouvant tant se combiner que se contredire – s'offrent à l'État hébreu :

– *La logique de la forteresse et, plus précisément, de Massada.* Massada fut une place forte de Palestine, bastion de la résistance juive à Rome dans les années 70 de notre ère ; ses défenseurs, à bout de forces, préférèrent se tuer plutôt que se rendre. Massada a un immense écho dans la mémoire des Juifs, peuple persécuté depuis des millénaires. Surtout au lendemain de la destruction des Juifs d'Europe par l'Allemagne hitlérienne (1933-1945), l'État d'Israël doit être érigé en ultime refuge, en cas de nouveau malheur ; il faut donc en faire une forteresse prête pour toutes les agressions, toutes les solitudes. Comme l'illustre, en 2004, la construction d'un mur, visant à isoler hermétiquement Israéliens et Palestiniens, l'État hébreu ne renonce pas à cette stratégie de la forteresse. Peut-il en être autrement, aussi longtemps qu'Israël ne sera pas accepté et ressenti comme un pays de la zone ? De ce point de vue, l'image de Massada en appelle une autre : celle des royaumes francs (1099-1291), établis au Proche-Orient par les croisades mais condamnés à disparaître, car restant étrangers à la région.

– *La logique de la Terre promise.* Nombre de démarches géopolitiques sont hantées par un rêve. Ainsi Israël, indissociable de l'idée moderne d'État-nation, se rattache également à la terre promise par Dieu à Moïse. D'où la tentation d'Israéliens (notamment de Menahem Begin, Premier ministre d'Israël de 1977 à 1983) de reconstituer l'Israël de la Bible – la Judée et la Samarie (soit à peu près Israël dans ses frontières de 1949 plus la Cisjordanie). Il y a une part de ce rêve profondément ressentie, semble-t-il, par tous les Israéliens : Jérusalem, capitale une et éternelle d'Israël (proclamation de la Knesset – parlement israélien –, le 30 juillet 1980). En ce qui concerne la Cisjordanie, occupée par Israël à la suite de la guerre des Six-Jours (juin 1967), l'annexion est impossible, du point de vue même d'Israël. En ces années 2000, Israël rassemble un peu plus de 5 millions de Juifs et un million d'Arabes (devenus citoyens israéliens) ; la Cisjordanie, elle, est peuplée d'environ 600 000 Arabes palestiniens – dont le taux de natalité est du tiers monde, alors que le taux, chez les Juifs (171 000 colons en Cisjordanie) est « occidental ».

– *La logique de l'entente avec les Arabes*. Est-il possible à un peuple – même soutenu par une diaspora – de s'enfermer pour toujours dans une forteresse ? Le temps, les générations passant, les raisons de cet enfermement se brouillent, la lassitude vient, le désir d'une vie « normale » se fait plus pressant. Alors, il faut tenter de vivre avec l'Ennemi, avec l'Autre – concrètement : échanger des territoires contre la reconnaissance et la paix. Telle est la voie adoptée par Israël dans les années 1990, avec le processus dit d'Oslo (notamment, *Déclaration israélo-palestinienne de principes sur des arrangements intérimaires d'autonomie*, signée à Washington le 13 septembre 1993).

Cette logique, pour réussir, exige une mutation géopolitique. De 1948 aux années 1980, Israël et les Arabes (avec, certes, l'exception de l'Égypte, qui a conclu un traité de paix avec Israël le 26 mars 1979) ont pour horizon la guerre, les Israéliens vivant dans la menace constante d'être rejetés à la mer. La logique de l'entente requiert deux bouleversements nécessairement douloureux : que les Arabes reconnaissent Israël comme une composante légitime du Proche-Orient ; qu'Israël s'accepte comme un État de cette région, c'est-à-dire sorte de la logique de forteresse, fondement, depuis près d'un demi-siècle, de sa légitimité et de sa cohésion.

En septembre 2000, à la suite de la visite d'Ariel Sharon sur l'Esplanade des Mosquées, éclate la deuxième *Intifada*, déchaînement de violence et de terrorisme entre Israéliens et Palestiniens. La stratégie de la forteresse triomphe (édification du Mur par le gouvernement Sharon). Mais à long terme, Israël peut-il survivre dans cette condition ? L'État hébreu bénéficie de deux atouts : la fidélité de la diaspora juive ; l'inconditionnalité de l'alliance des États-Unis, qui considèrent Israël comme leur petit frère. Mais les données démographiques risquent d'être déterminantes.

B. Le golfe Persique, poudrière de la planète ?

Le golfe Persique tire sa valeur géopolitique pendant des siècles de la combinaison de deux données géohistoriques. D'abord, il s'agit de l'une des zones de passage des routes commerciales entre Orient et Occident, où circulent notamment soie et épices. Ensuite, la seconde donnée s'articulant avec la première, le golfe Persique s'inscrit dans ces espaces intermédiaires, où se heurtent et se mêlent les empires, les cultures : par exemple, Rome, puis Byzance, et Perse ; Arabes et Perses ; Seldjoukides et Mongols ; Empire ottoman et Perse ; enfin, au XIXe siècle, Empires ottoman, britannique (route des Indes) et russe (poussée vers les mers chaudes). De même, de la Seconde Guerre mondiale aux années 1980, le Moyen-Orient et en particulier le golfe Persique fournissent l'un de ces théâtres géopolitiques plus ou moins instables sur la scène duquel se déploient les stratégies indirectes des États-Unis (alliances avec l'Iran du shah, l'Arabie Saoudite, les émirats du Golfe) et de l'Union soviétique (tentant avec plus ou moins de bonheur de s'appuyer sur l'Irak de Saddam Hussein).

Du point de vue géopolitique, le golfe Persique illustre deux thèmes :

– *L'impact d'un facteur majeur de distorsion*. En ce qui concerne le golfe Persique, c'est le pétrole. Il n'y a pas d'autre région au monde qui concentre dans son sous-sol les deux tiers de la source d'énergie, de la matière première la plus essentielle pour les pays industrialisés. Cet enjeu du pétrole résulte d'une conjonction historique bien particulière : le rôle vital de ce produit dans le fonctionnement quotidien des nations occidentales, surtout depuis la fin de la Seconde Guerre mondiale. D'où aussi bien les chocs pétroliers de 1973 et 1979 que la guerre de 1991 pour la libération du Koweït, conquis par l'Irak de Saddam Hussein. En ces années 2000, ainsi que le souligne, en 2003, l'opération militaire américano-britannique renversant le régime de Saddam Hussein, le Golfe demeure une région à part par la conjonction du facteur pétrolier et d'incertitudes politiques majeures : chaos irakien ; Iran post-khomeiniste oscillant entre la normalisation avec l'extérieur et la contestation de l'ordre établi (ambitions nucléaires) ; Arabie Saoudite menacée de déstabilisation interne…

– *L'articulation entre équilibres mondiaux et instabilités locales*. Le golfe Persique de l'an 2000 évoque les Balkans du début du XXe siècle. Ceux-ci étaient la poudrière de l'Europe. Le golfe Persique serait-il la poudrière du monde ?

Une poudrière se définit par la rencontre de deux caractéristiques : des facteurs internes d'instabilité (tensions de toutes sortes : rivalités de puissances, fièvres nationalistes…) ; des canaux de transmission avec l'extérieur, par lesquels tout conflit interne, par des cheminements divers, affecte des équilibres plus larges. Ainsi les Balkans en 1914, cumulant problèmes internes (agonie de l'Empire ottoman ; revendications diverses de la Serbie, de la Bulgarie, de la Grèce…) et connections avec l'extérieur (en particulier, rivalités entre l'Autriche-Hongrie et la Russie, se disputant les restes de l'Empire ottoman).

Le golfe Persique, comme les Balkans de 1914, est un concentré de tensions internes. Mais les problématiques et les perceptions du début du XXIe siècle sont bien différentes de celles d'il y a un siècle. En 1914, ce qui s'impose d'abord, ce sont les ambitions nationales ou impériales : Autriche-Hongrie, Russie, Serbie, Allemagne… Aujourd'hui, les contradictions, les blessures sont plus visibles et sans doute plus analysées. L'Irak occupé étale sa décomposition. L'Iran post-khomeiniste, l'Arabie Saoudite se présentent comme autant d'illustrations de la célèbre loi de Tocqueville, selon laquelle rien n'est plus vulnérable qu'un régime autoritaire tentant de se réformer. Les tensions internes du golfe Persique peuvent le faire qualifier de poudrière, mais les passions qui l'enflamment sont celles d'aujourd'hui : revendications démocratiques multiformes, droit des groupes – ethniques, religieux… – à disposer d'eux-mêmes…

La configuration internationale est également autre. Les Balkans de 1914 sont bien une proie, que se déchirent des fauves plus ou moins mal en point : Serbie, Bulgarie, Autriche-Hongrie, Russie… En ce qui concerne le golfe Persique, les États-Unis sont le protecteur, le gardien de cette région. Ce rôle ne cesse de s'affirmer et de s'étendre depuis la fin de la Seconde Guerre mondiale, les États-Unis remplaçant l'Angleterre. Or le Golfe est emporté par un ensemble de ruptures : États autoritaires peinant à s'adapter ; montée de jeunesses réclamant leur place au soleil ;

effervescences islamistes… Les États-Unis sont comme un policier submergé par les tâches à accomplir : régler le conflit israélo-palestino-arabe ; édifier un Irak réconcilié avec lui-même ; promouvoir la transformation de régimes usés : Syrie, Égypte, Arabie Saoudite. De plus, ce policier est très ambitieux, son but avoué étant l'instauration d'un Moyen-Orient démocratique.

Pour le moment, le risque majeur est donc moins une conflagration mondiale (comme en 1914) que la diffusion du chaos. Mais, à long terme, le pétrole reste un enjeu vital pour d'autres puissances que les États-Unis : Chine, Union européenne… La partie géopolitique au Moyen-Orient est une partie complexe et ouverte, où s'entremêlent « nouvelle » micro-géopolitique, celle des revendications démocratiques, et « vieille » géopolitique, celle des luttes impériales.

C. L'ex-Yougoslavie : le nettoyage ethnique, géopolitique abâtardie ?

1. Les conflits ethniques

Dans le sillage des bouleversements de 1989 (écroulement des régimes communistes en Europe orientale) - 1991 (dissolution de l'Union soviétique) éclatent, des Balkans au Caucase, des conflits dits ethniques, d'une violence extrême.

Ces conflits combinent quatre traits majeurs :

– *Ils se développent dans des régions où vivent ensemble, parfois depuis des siècles, des peuples souvent très proches et pourtant séparés par un ou des éléments vécus par ces peuples comme des divisions insurmontables.* Ainsi, dans l'ex-Yougoslavie, les Croates, les Serbes et les Bosniaques, originaires de la même souche linguistique et culturelle, mais dissociés notamment par leurs racines religieuses (catholicisme des Croates ; orthodoxie des Serbes ; islam des Bosniaques).

– *Ces clivages, leur signification sont inséparables d'une histoire commune et tragique* (par exemple, conflits permanents et terriblement sanglants entre Croates, Serbes et Bosniaques tout au long de l'unité de la Yougoslavie, de 1918 à 1941, puis de 1944 à 1991, et aussi de son éclatement sous la botte de l'Allemagne hitlérienne, de 1941 à 1944). D'où, à travers les siècles, l'ébauche d'identités, hantées par des traumatismes, et ne s'apaisant pas dans l'édification d'États.

– *Or ces États demeurent « artificiels ». La distribution géographique des ethnies ou des nationalités ne coïncide pas avec les frontières étatiques.* Ces États restent pluriethniques ; en leur sein même, leurs régions, leurs provinces, leurs villes sont également multiethniques. Les mêmes ethnies sont présentes dans plusieurs États. Certaines ont un État de rattachement (ainsi les Serbes, la Serbie…), d'autres non. Ces écarts entre peuples et frontières s'expliquent par l'histoire. Les États sont des morceaux d'empire, jeunes, n'ayant eu ni les circonstances, ni les moyens pour homogénéiser leur substance humaine, ainsi que l'ont fait l'Angleterre, la France, l'Allemagne.

– *Les haines entre ethnies, pour lesquelles le passé, si lointain soit-il, est toujours actuel, se donnent une politique : le nettoyage ethnique.* Toute imbrication, toute cohabitation entre les peuples doivent être éliminées. Chaque peuple doit se constituer en un ensemble homogène, occupant un territoire débarrassé des étrangers et disposant de frontières bien définies. Bref, chacun chez soi !

2. Géopolitique et nettoyage ethnique

Le nettoyage ethnique est bien dans la lignée d'expressions nationalistes européennes – d'abord allemandes.

Deux hantises (qui marquent l'histoire de l'Allemagne) se cumulent. D'une part, le poids d'un passé dont on se considère comme l'injuste victime (par exemple, Serbes battus par les Turcs à la bataille de Kosovo – 20 juin 1389 –, et se regardant comme les défenseurs de la chrétienté face au déferlement de l'islam). D'autre part, l'incapacité ou l'impossibilité de disposer d'un territoire à peu près stable ; d'où de perpétuels tiraillements entre les impuretés du réel et la revendication d'une patrie parfaite, le nettoyage ethnique devant matérialiser cette patrie.

Au-delà de son épouvantable cruauté (exterminations ou/et déplacements de populations), le nettoyage ethnique soulève deux questions probablement sans réponse.

a) Des États parfaitement homogènes, au territoire délimité pour toujours, peuvent-ils exister ? À l'intérieur de tout État, les ressortissants sont loin de s'identifier tous de la même manière à l'entité collective (la patrie, la nation) ; les fidélités de chaque individu, de chaque groupe, leur hiérarchisation sont complexes et mouvantes. L'homme n'est et ne sera jamais un bloc. De plus, combien de territoires sont réclamés par plusieurs peuples, chacun avançant des titres légitimes, l'un sa position de premier occupant, l'autre tout simplement sa dynamique démographique !

Des exemples d'État homogène sont avancés :

- *Le Japon.* Ce pays réunit un ensemble unique de traits assurant son homogénéité : son insularité ; sa fermeture périodique au monde extérieur, parfois pendant plusieurs siècles d'affilée ; des mœurs, une culture renforçant cette singularité. Mais le Japon subit, lui aussi, les dynamiques érodant toute homogénéité : multiplication des échanges, des contacts avec le monde ; présence d'une minorité coréenne, descendant des travailleurs « importés » lorsque la Corée était une colonie japonaise (1910-1945).

• *La France* est, elle aussi, l'une des illustrations majeures de l'État-nation homogène. Mais la France ne cesse d'être façonnée et refaçonnée par un travail sans fin d'intégration « jacobine » de ses habitants, d'abord et surtout par l'école.

b) Dans l'hypothèse – bien difficile à concrétiser – où le nettoyage ethnique atteindrait son but (en ce qui concerne l'ex-Yougoslavie, regroupement des peuples serbe, croate, bosniaque… en entités homogènes), tous les problèmes, tous les antagonismes liés à la logique de la forteresse proliféreraient. Tout d'abord, les frustrations territoriales demeureraient, les plus forts ou plutôt les moins faibles (Serbes et Croates) ne laissant que des restes aux faibles (Bosniaques), ces derniers vivant dans l'attente de la vengeance.

Ces États homogènes se trouveront, avec le temps, confrontés au dilemme de tout assiégé : soit s'installer dans ce siège, appelé – en principe – à durer éternellement, et maintenir face à l'extérieur une mobilisation permanente dans l'attente d'une nouvelle guerre ; soit, malgré tout, tenter d'établir avec ses voisins une forme de réconciliation, de cohabitation, et donc recréer, dans l'espace ex-yougoslave, un système de coopération. Cette obsession de la pureté peut-elle effacer l'Autre ? Et, même si cet Autre est anéanti, la paix, la sécurité sont-elles acquises ?

D. L'islamisme terroriste

Relève du terrorisme tout comportement par lequel un individu ou un groupe cherche à éveiller une peur, une terreur chez un autre individu ou un autre groupe afin d'obtenir de ce dernier quelque chose. Mais alors la guerre n'est-elle pas du terrorisme ? Les frontières du terrorisme sont floues et mouvantes. La spécificité du terrorisme réside dans deux traits :

1. Le terrorisme utilise des moyens imprévisibles ou imprévus : bombes contre des civils, enlèvements… Le but est de surprendre, de déstabiliser par des méthodes condamnées par les coutumes.
2. Le terrorisme est le fait de groupes non reconnus (peuples en gestation, mouvements extrémistes) cherchant à obtenir une reconnaissance. Souvent ces groupes, lorsqu'ils commencent d'être reconnus, abandonnent le terrorisme, leur priorité devenant la respectabilité.

L'islamisme terroriste ou plutôt les islamismes terroristes réunissent bien ces deux caractères. Les moyens sont stupéfiants (suicides ; destruction des *Twin Towers* de New York ; décapitations devant la télévision…). Les mouvements concernés sont des nébuleuses, rassemblant quelques centaines ou quelques milliers de personnes, se décomposant et se recomposant en permanence, et exigeant d'être reconnus comme les porte-parole de l'islam.

En quoi ces phénomènes renouvellent-ils les perspectives géopolitiques ?

– Ces phénomènes confirment que la géopolitique ne peut plus s'en tenir aux rapports entre États mais doit envisager tous les acteurs : mouvements de tous types, entreprises, individus… Les États sont indissociables d'un territoire, condition de leur existence et de leur reconnaissance par les autres États. Des acteurs, comme les multinationales, les organisations non gouvernementales (ONG), et aussi les mouvements terroristes, ont chacun une géographie spécifique, évolutive. Ces acteurs ne peuvent revendiquer un territoire officiel, fondé sur des frontières. Cependant leur localisation, ses modifications sont essentielles dans la vie de ces acteurs (ainsi le siège social et les principales implantations pour une multinationale). En ce qui concerne les mouvements terroristes, ils ont besoin d'un ou de plusieurs « nids », États-refuges où ils peuvent installer leur commandement, leurs camps d'entraînement (Afghanistan des Talibans pour Al-Qaïda).

– La guerre n'est plus l'instrument exclusif des rapports de force. La palette des instruments de violence est infinie. Le terrorisme est, comme la guerre, « la continuation de la politique par d'autres moyens » (Clausewitz). Tout terroriste poursuit un ou des buts politiques : chasser des occupants, provoquer une révolution… S'il n'a pas recours à la guerre, c'est qu'il n'en a pas les instruments (une armée et, derrière elle, un État).

– Le terrorisme retrouve la géopolitique classique dans ce qui est nécessairement son but ultime : le contrôle d'un ou de plusieurs États. L'État reste une entité à part, une proie très recherchée. Seul l'État dispose d'un territoire défini, sur lequel il déploie sa machine, celle-ci disposant d'atouts uniques : monopole de la force légitime, fixation des règles, collecte de l'impôt. Tel le bernard-l'ermite, le terroriste recherche le coquillage qui le protégera et le fera accéder à une position supérieure. Ce coquillage, c'est un État. Avec un État, un mouvement dit terroriste acquiert la respectabilité (ainsi les bolcheviques devenus maîtres de la Russie, Fidel Castro s'emparant de Cuba…).

6

Géopolitique et mondialisation géopolitique, géo-économie

La géopolitique analyse les relations entre l'*Homo politicus* et l'espace. Cette discipline s'interroge certes sur le poids des facteurs spatiaux dans les choix et les rapports politiques, et, à l'inverse, sur l'impact de ces données politiques sur l'organisation, le contrôle de l'espace. La géopolitique, si elle ne veut pas s'enfermer dans un déterminisme mécaniste, doit appréhender l'homme et l'espace dans leurs multiples et constantes interactions.

La géopolitique est, au moins initialement, l'enfant d'une époque, celle des années 1870-1945.

Or, dans le dernier quart du XXe siècle, s'ébauche, dans le sillage de la géopolitique, la *géo-économie*. Cette démarche – comme son nom l'indique – examine les interactions entre l'*Homo economicus* et l'espace : poids des facteurs spatiaux dans les productions, les échanges humains ; utilisations de l'espace par l'homme pour le déploiement de ses activités économiques. Cette définition, très large, suggère que nombre d'esprits remarquables ont fait de la géo-économie – comme Monsieur Jourdain de la prose – sans le savoir. Le célèbre économiste écossais Adam Smith (1723-1790), auteur de *Recherches sur la nature et les causes de la richesse des nations* (1776), fonde toute sa démarche sur la division (aussi bien nationale qu'internationale) du travail mais n'évoque guère les réalités spatiales (répartition des ressources naturelles, des hommes ; localisation des pôles de richesse ; contraintes de transports).

La géo-économie suppose la combinaison de la géographie, de l'histoire et de l'économie. Fernand Braudel (1902-1985), auteur notamment de *La Méditerranée et le Monde méditerranéen à l'époque de Philippe II* (1949) et de *Civilisation matérielle, Économie et Capitalisme, XVe-XVIIIe siècle* (trois tomes, 1967-1979), peut être qualifié d'historien géo-économiste, une grande part de son œuvre portant sur l'insertion des hommes, des économies dans l'espace (en particulier, évolution des systèmes, des réseaux, des voies d'échange). Tout le travail de Braudel ne cesse de lier économie, espace et temps. Les trois volumes de *Civilisation matérielle, Économie et Capitalisme, XVe-XVIIIe siècle* partent des « structures du quotidien », des micro-espaces (campagnes, villes, marchés…), pour s'élargir aux « économies-mondes ». Chaque économie-monde se présente comme « un fragment de l'univers, un morceau de la planète économiquement autonome, capable pour l'essentiel de se suffire à lui-même et auquel ses liaisons et ses échanges intérieurs confèrent une certaine unité organique » (par exemple, Méditerranée au XVIe siècle). Une économie-monde n'est pas l'économie mondiale, qui, elle, « s'étend à la terre entière » et constitue « le marché de tout l'univers » (Sismondi). Or ce marché universel semble se constituer, l'économie mondiale se formant en une véritable économie-monde et dissolvant les économies-mondes particulières (à la fin des années quatre-vingt, l'espace communiste, organisé autour de l'Union soviétique).

Alors pourquoi, l'émergence de la géo-économie ? Trois phénomènes paraissent se combiner.

1. *La multiplication des interdépendances, des réseaux.* La rapidité des communications, l'amplification et l'accélération des flux – en particulier des flux « immatériels » : informations, capitaux – entraîneraient « la fin de la géographie ». L'espace et le temps disparaîtraient. En fait, une autre géographie se dessine ; extrêmement mobile, elle serait dictée par les mouvements économiques, les localisations et les délocalisations des activités créatrices et consommatrices de richesses. Ainsi naîtraient la géo-économie, la géofinance, la géo-information, la géotechnologie… Mais, depuis que l'économie existe, elle est indissociable de l'espace et du temps.

2. *La chute du rideau de fer, l'écroulement des expériences communistes.* Tout au long de l'essentiel du XXe siècle, les grands conflits dominés par l'idéologie (dans l'entre-deux-guerres, libéralismes, fascismes, communisme ; de 1945 à 1989, démocratie pluraliste contre communisme) font de l'élément politico-stratégique (forces militaires, arsenaux nucléaires, capacités de projection) le critère prééminent de la puissance. Il n'est pas certain que les conflits à contenu idéologique aient disparu (par exemple, oppositions entre occidentalisme et islamismes, entre principe démocratique et principe ethnique), mais ces conflits sont multiformes, proliférants, s'incarnant rarement de manière stable dans des acteurs bien identifiés (États, blocs). Désormais, l'espace mondial n'est plus fragmenté par des lignes fixes de partage (comme le rideau de fer de 1947 à 1989) ; le critère décisif de la puissance et même de la survie résiderait alors dans la capacité de s'adapter à la compétition technico-économique internationale. La géo-économie aurait pour objet de mettre en lumière les mouvements, les configurations liés à ce critère.

3. *Des acteurs hétérogènes.* L'État souverain n'a jamais été le seul acteur international. De tout temps, des individus, des communautés, des mouvements humains, des institutions non étatiques – comme les Églises – ont affecté les rapports internationaux. La nouveauté vient du cumul de plusieurs évolutions : ouverture des frontières et affaiblissement des instruments de contrôle des États ; poids déterminant des données internationales sur les grandes entreprises, les grands secteurs (de l'automobile à la banque, des télécommunications aux transports aériens) ; affirmation d'opérateurs collectifs ou même individuels sur les marchés, notamment d'argent (mythe du spéculateur tout-puissant). D'où un monde économique anarchique, où les frontières entre le permis et l'interdit, le légal et l'illégal se déplacent constamment et se brouillent. La géo-économie appréhenderait, clarifierait ces paysages agités, où l'État, tout en gardant des prérogatives et des responsabilités tout à fait particulières, se trouve bousculé, déstabilisé par des acteurs (entreprises, individus) – eux-mêmes très secoués – dont il était et reste en principe le gardien et le protecteur.

La compréhension de la géo-économie exige, dans un premier temps, d'examiner les rapports complexes, contradictoires, entre logiques économiques et logiques politiques dans l'espace (I). Dans un second temps, il convient de se demander en quoi la géo-économie éclaire le monde du XXIe (II).

*

*   *

I. LOGIQUES ÉCONOMIQUES, LOGIQUES POLITIQUES DANS L'ESPACE

L'économique et le politique sont deux composantes, parmi beaucoup d'autres, de la vie des hommes. L'économie s'intéresse aux richesses, à leur création, leur circulation, leur consommation ; pour l'économie, l'espace se compose de lieux de production (terres, mines, usines…), de voies d'échange (routes de toutes sortes), de marchés… La politique a pour objet l'organisation des rapports entre les hommes dans des cadres collectifs (de la cité antique à l'État-nation et peut-être, un jour, à l'État mondial).

L'espace politique est radicalement différent de l'espace économique, car le premier ne peut exister sans permanence, sans clôture, tandis que le second bouge sans cesse en fonction des offres et des demandes de biens, de services.

A. Logiques d'enracinement, logiques de circulation

1. La politique et l'enracinement territorial

Les premières sociétés humaines furent nomades. En ce début de XXIe siècle, des peuples nomades survivent, clochardisés, grignotés tant par l'argent que par les frontières.

Cependant, lorsque « l'histoire commence à Sumer » (S. N. Kramer), au cours du IIIe millénaire, le pouvoir, la puissance s'identifient à un territoire aux limites certes variables. L'Égypte pharaonique se confond avec la vallée du Nil. Pourquoi cet enracinement territorial, qui, aujourd'hui encore, fonde le politique ? Parce que, dans ce monde, à l'aube de l'histoire, l'agriculture rend possible une exploitation méthodique des sols, dégageant ce surplus toujours aléatoire sur lequel se construit le politique. Dans ces sociétés hantées par la famine, les fonctions du politique se différencient : comptabiliser et stocker les récoltes ; prélever la part qui assure le culte, entretient la noblesse et la royauté. Le contrôle du territoire par le politique obéit à deux préoccupations toujours actuelles : garantir l'ordre à l'intérieur (sécurité interne, police) ; défendre cet espace, ses habitants contre l'ennemi extérieur (sécurité externe, défense). Les murailles de Chine, construites et reconstruites par les empereurs, ont bien ce double rôle : interdire – au moins en principe – les invasions des barbares des steppes ; enfermer les Chinois, les empêcher de fuir.

À partir du XVe siècle, l'État moderne rationalise à l'extrême cette logique territoriale : homogénéisation de l'espace national par un cadre unique de règles ; établissement de frontières linéaires, délimitant clairement les champs territoriaux des souverainetés.

2. L'économique ou la logique des flux

Le politique contrôle, quadrille, fixe des règles. L'économique, lui, a pour domaine les flux, les échanges.

L'élément territorial n'a pas les mêmes significations, les mêmes valeurs pour l'un et l'autre. Pour le politique, le territoire est le support de sa légitimité ; dans cet espace, l'État est souverain ; au-delà, se dressent d'autres souverainetés. Pour l'économique, les réalités territoriales constituent des atouts ou/et des contraintes ; tout est pensé en fonction des opérations d'échange. Il s'agit de faire circuler, d'acheter et de vendre. Pour le politique, l'argent est l'un des outils de la puissance ; pour l'économique, l'argent est le lubrifiant qui assure le mouvement et la création des richesses.

D'où des tensions constantes entre l'État et l'entrepreneur.

– *L'un des soucis constants de l'État est de contrôler les flux (de biens, de capitaux, d'hommes et même d'idées).* Les prélèvements sur ces flux (par exemple, pillages, mais surtout taxes, impôts, droits de douane) lui apportent ces ressources sans lesquelles il n'y a pas de police, d'armée, de prestige. De plus, l'État dispose, selon la formule du philosophe-sociologue allemand Max Weber, du « monopole de la violence légitime ». Il peut frapper, emprisonner, prendre par la force, mais aussi protéger. Tout au long des siècles, les marchands savent qu'il leur faut flatter, amadouer, couvrir de cadeaux ce pouvoir qui peut à tout moment confisquer leurs biens, les jeter en prison, les broyer. Ces marchands savent aussi que seul l'État peut les mettre à l'abri de concurrences dangereuses.

– *En même temps les flux de marchandises, d'or, d'argent, de services, d'informations ne cessent de se déplacer, induits par des dynamiques qui échappent aux États, qui se jouent d'eux.* Dans *La Méditerranée et le Monde méditerranéen*, Fernand Braudel, s'interrogeant sur l'Espagne toute-puissante du XVIe siècle et son terrible déclin, écrit : « Ainsi Séville a été conquise, dévorée du dedans par un travail obscur, inaperçu, de termites, le tout au bénéfice de la Hollande [...]. Amsterdam attire à elle des marchands anversois et, au-delà de Séville, jette son filet sur l'immense Amérique espagnole. » Alors que l'État est prisonnier de son territoire, les circuits d'échanges se déplacent en fonction des réalités politiques et stratégiques et des calculs des marchands.

Si l'économique est soumis au politique, il s'en émancipe constamment.

B. Enjeux géopolitiques, enjeux économiques

1. Conflits politiques, conflits pour les ressources et les voies de communication

L'histoire montre que luttes politiques et luttes pour les ressources s'entremêlent constamment.

– La ou plutôt les routes de la soie constituent, d'Alexandre le Grand (356-323 av. J.-C.) aux Grandes Découvertes du XVIe siècle, un lien vital entre l'Europe et l'Extrême-Orient, par où sont acheminés soie, épices et toutes sortes de biens rares. Du IIIe au VIIe siècle, les deux grands empires byzantin et sassanide se disputent « l'hégémonie économique mondiale, [c'est-à-dire] le contrôle des routes amenant en Occident les produits de Chine et d'Extrême-Orient, avant tout la soie » (Maxime Rodinson). Tout au long du XIIIe siècle, l'Empire mongol, fondé par Gengis Khan, tire sa force et sa richesse de ce qu'il tient la route de la soie et assure la sécurité des caravanes. Ces luttes sans fin pour les liaisons tant terrestres que maritimes (océan Indien) sont finalement bouleversées par l'avènement, à partir du XVIe siècle, d'une histoire réellement mondiale, celle de l'entrée de l'Atlantique et du Pacifique dans les réseaux d'échanges.

– De même, dès qu'au XVIe siècle, dans le sillage de Christophe Colomb, l'océan Atlantique cesse d'être un espace marginal, à peine connu, il devient très vite un enjeu permanent entre grandes puissances : au XVIe siècle, Espagne et Portugal ; au XVIIe siècle, Espagne, Pays-Bas, France et Angleterre ; au XVIIIe siècle, France et Angleterre…

2. Logiques géopolitiques, logiques économiques, guerres mondiales

Selon la thèse bien connue de Lénine dans *L'Impérialisme, stade suprême du capitalisme*, essai de vulgarisation (1916), le développement économique est toujours inégal, qu'il s'agisse des entreprises, des secteurs industriels, des États. Cette inégalité du développement crée, au sein du système capitaliste, des contradictions de plus en plus fortes. La concentration, la formation de trusts et de cartels, étroitement liés aux États, favorisent la stagnation et le parasitisme économiques. D'où la lutte permanente pour de nouveaux débouchés, et le partage de la terre en sphères d'influence, en empires coloniaux. Mais cette recherche, ce partage engendrent de nouveaux conflits entre les économies capitalistes, toujours confrontées au problème de la surproduction, et avides de marchés. Alors la seule issue est la guerre, inhérente à la nature du capitalisme selon le marxisme-léninisme.

Les deux guerres mondiales reflètent-elles vraiment ce schéma ?

a) La Première Guerre mondiale

Lorsque, au cours de l'été 1914, se déchaîne la guerre, le schéma de Lénine paraît parfaitement pertinent. Les rivalités économiques sont à leur comble. L'Angleterre, dont la suprématie économique est incontestée pendant les trois premiers quarts du XIXe siècle, se heurte notamment au défi industriel allemand (E. E. Williams, « Made in Germany », 1896), défi d'autant plus insupportable qu'il vient d'un pays proche, qui, longtemps, fut d'abord le champ de bataille de l'Europe. De plus, après les affrontements pour l'Afrique – *« the scramble for Africa »*, 1876-1912 –, la Terre est partagée, et ceux qui réclament une place au soleil – comme l'Allemagne – arrivent bien tard. Alors la guerre de 1914-1918 éclate-t-elle pour les marchés ? Il semble bien que non.

– En 1914, les interdépendances économiques, au moins entre pays européens, sont déjà considérables. Le Royaume-Uni est le premier client de l'Allemagne, tandis que cette dernière fournit au Royaume-Uni son deuxième débouché. Les « ennemis héréditaires », la France et l'Allemagne, entretiennent des liens économiques importants, ce qui ne va pas sans tensions nationalistes (en particulier, petite guerre douanière en 1911-1913). De plus, les milieux d'affaires sont profondément partagés. « D'un côté, par leur collaboration étroite avec les gouvernements, ils encourageaient, à travers leur politique d'investissements, la consolidation des alliances et l'exaspération des rivalités coloniales. De l'autre côté, ils bénéficiaient du commerce international et avaient intérêt à son maintien, face aux tensions internationales » (James Joll, *The Origins of the First World War*, 1984). Comment vouloir la guerre, lorsqu'on est convaincu que celle-ci entraînerait l'effondrement du système économique international et donc de sa propre prospérité ?

– Au cours de l'été 1914, les préoccupations économiques sont absentes de l'attitude des politiques. L'extrême rapidité des événements absorbe leur temps et leur énergie. En outre, très peu imaginent une guerre longue, disloquant les relations, les équilibres économiques. Pourtant la guerre sera longue.

b) La Seconde Guerre mondiale

Dans le sillage de la crise économique des années 1930, les tensions entre démocraties libérales (Royaume-Uni,

France) et Allemagne nazie sont analysées, par de nombreux textes communistes, comme une nouvelle manifestation des contradictions du capitalisme, pris au piège de la Dépression.

Cependant, dans le désarroi tragique des années 1930, à un moment où chacun est convaincu de lutter pour sa survie, que subsiste-t-il de la rationalité, de l'autonomie, des intérêts économiques ?

D'août 1939 à juin 1941, l'Allemagne hitlérienne et l'Union soviétique de Staline – ennemies irréductibles – sont alliées. De 1941 à 1945, les démocraties libérales – Grande-Bretagne, États-Unis – s'allient à l'Union soviétique, dont la raison d'être historique est l'anéantissement du capitalisme libéral. Logiques politiques et logiques économiques ne sont plus qu'une, et il ne reste qu'un combat manichéen entre le Bien et le Mal. L'économique n'est plus que l'instrument du politique.

II. LA GÉO-ÉCONOMIE COMME CLÉ DU MONDE, AU XXIe SIÈCLE

La géo-économie reformule les deux questions fondamentales de la géopolitique : qu'est-ce que la puissance ? Où et comment se localise-t-elle ? Mais surgit une autre interrogation : pourquoi privilégier les liens entre économie, espace et puissance ? Certes la géo-économie est une mode, mais aucune mode n'est innocente ; au contraire, une mode exprime quelque chose d'essentiel d'une époque.

A. Le facteur économique et l'espace à l'aube du XXIe siècle

1. Le paradoxe de base : un espace économique mondial aux barrières, aux hétérogénéités multiples

L'existence d'un espace économique mondial est antérieure à la fin du XXe siècle. Par exemple, dans les années 1890-1914, un tel espace se dessine, ayant pour cœur l'Europe, attirant la Russie, les États-Unis et le Japon, englobant toutes les parties de la planète dominées par les puissances occidentales. La crise des années 1930 affecte, sinon la terre dans sa totalité, du moins des continents entiers.

Dans cette perspective, la spécificité du monde actuel est triple : d'abord, l'amplification, la densité des interdépendances interagissant les unes sur les autres (commerce, investissements, flux de capitaux, échanges techniques); ensuite, la nécessité, pour la plupart des grandes activités (agriculture, industrie, services), de se penser comme parties prenantes d'un marché mondial ou presque; enfin, la conscience, chez la très grande majorité des États, que leur avenir, leur survie dépendent de leur capacité à être présent dans la compétition technico-économique internationale. En même temps, toujours du point de vue géo-économique, ce théâtre planétaire connaît de nombreuses hétérogénéités et fragmentations.

– Cette intégration de toute la Terre dans un seul système économique s'opère alors que les écarts de développement demeurent : pays développés; pays en pleine croissance; pays brutalement appauvris (États de l'ex-bloc soviétique); pays marginalisés. Ces inégalités sont prises dans la dynamique planétaire ; ce sont tout autant des handicaps que des atouts, comme le montrent les délocalisations d'entreprises suscitées par les différences de salaires, de régimes de protection sociale, et comme l'illustrent aussi les migrations humaines des zones dominées vers les zones riches. L'espace économique mondial est un dans la mesure où ces écarts de développement, au lieu d'établir des clivages absolus, sont utilisés, manipulés par les acteurs (entreprises, États, mais aussi individus).

– Les États et leurs frontières ne disparaissent pas. Certes, ces frontières sont ouvertes de mille manières (du commerce au tourisme, des flux de capitaux à ceux d'informations). Il reste que les États gardent, sur leur territoire et à leurs frontières, des prérogatives de législation et de contrôle. Tant qu'il y aura des États souverains, ces frontières, si atténuées soient-elles, subsisteront. L'unification européenne confirme cette donnée : tandis que la Communauté européenne met en place, à sa périphérie, dès les années 1960, un début de frontière commune (en particulier, tarif extérieur commun), l'Union européenne, définie par le traité de Maastricht (7 février 1992), implique à terme à la fois l'abolition complète des frontières entre les États membres et l'achèvement de la frontière commune.

– Enfin, cette intégration économique planétaire, cette conscience – ou cette idéologie – du marché n'effacent pas des limites d'autant plus insurmontables qu'elles sont au-delà du politique et de l'économique, tout en influençant sans cesse ces deux dimensions. Ce sont les limites culturelles, religieuses.

De quelle manière les principes universalistes de marché, de liberté, de démocratie et les multiples identités (croyances, traditions, nations) se marieront-ils ? D'un côté, les dynamiques intégratrices portent une planète homogène, uniforme, gouvernée exclusivement par la rationalité occidentale. De l'autre côté, les différences héritées de l'histoire ne s'effacent pas ; soit elles mettent cet universel à leur service, soit elles le combattent, tout en étant radicalement transformées par lui.

2. L'État souverain et la compétition technico-économique

L'État reste une entité territoriale, en charge d'une population. Le défi auquel il fait face aujourd'hui peut se résumer ainsi : comment préserver la cohésion, l'existence de ce territoire, de cette population à une époque d'explosion des interdépendances ?

Pour l'État, le danger extérieur classique est et reste celui de la guerre, de l'invasion. Ce qui importe alors, c'est de protéger le territoire contre les agressions étrangères. Par ailleurs, l'idée nationale, fondement de l'État moderne – construit à partir de la fin du XVIIIe siècle –, doit, elle aussi, garder un contenu spécifique ; cette préoccupation n'exclut certes pas, dans les démocraties libérales, les échanges, les métissages, mais ceux-ci doivent se fondre dans l'esprit de la nation (France jacobine et républicaine) ou au moins se subordonner à lui (États-Unis).

Or la compétition technico-économique impose à l'État une vision opposée de son territoire. Il ne s'agit plus de le protéger, de le différencier, mais au contraire de l'ouvrir, de le mettre dans la meilleure position possible pour affronter la concurrence. Ainsi les investissements étrangers – qui, pourtant, font dépendre l'activité économique nationale de centres extérieurs de décision – deviennent une nécessité pour faciliter l'intégration dans le marché mondial. De même, des attributs clés de la souveraineté (législation, fiscalité et même enseignement) se trouvent, eux aussi, pris dans cette contrainte de l'internationalisation ; la loi, l'impôt et la monnaie sont mis en concurrence avec ceux des autres États, des règles trop éloignées de celles de ces derniers risquant de dissuader l'étranger (investisseur ou opérateur).

L'État, ancré dans son territoire, doit rendre celui-ci aussi attractif que possible. Il en résulte bien une schizophrénie de l'État, celui-ci devant en même temps défendre et ouvrir ses frontières, garder une identité et être perméable à la prolifération des innovations.

3. Les contraintes territoriales de l'entreprise

Alors que l'État est indissociable de sa base territoriale, l'entreprise a-t-elle une réalité territoriale ? La fonction de l'entreprise est de faire circuler la richesse, en produisant, en fabriquant, en achetant, en vendant.

Or, aujourd'hui, l'internationalisation massive des échanges agit comme un révélateur des tensions au sein de l'entreprise.

– D'un côté, de manière très variable d'un secteur à l'autre, les entreprises ont bien des bases territoriales : d'abord leur siège social ; puis leurs usines ou leurs bureaux ; enfin et surtout, leurs marchés. Mais les marchés d'une entreprise ne lui « appartiennent » pas comme son territoire à l'État. Tout marché d'une entreprise est un territoire incertain, quotidiennement menacé par la concurrence. La métaphore territoriale a tout de même sa pertinence : pour une entreprise, le marché national représente souvent sa base arrière, sa zone de repli ; les marchés étrangers sont autant d'espaces à investir et à tenir.

– D'un autre côté, l'avenir de l'entreprise serait la mobilité, la dé-territorialisation maximales. Il s'agit d'être en osmose avec le marché, ses incertitudes, ses caprices.

Il faut donc se défaire de toute charge inutile : stocks nuls ; sous-traitance de toute activité annexe ; gestion par réseaux, s'étendant à la limite à toute la planète, et s'ajustant sans cesse pour obtenir des produits toujours nouveaux à des prix de plus en plus bas.

Il en résulte, pour les entreprises, des contradictions permanentes entre la nécessité de racines territoriales et la quête d'une souplesse instantanée. Chaque branche, chaque entreprise vit cette contradiction de façon bien spécifique.

Les industries classiques – de la sidérurgie à l'automobile ou à la chimie – reposent sur de vastes implantations, des effectifs considérables et stables, des structures intégrées. Ces industries dessinent une géo-économie lourde, liée soit aux zones minières, soit aux grands ports, soit aux agglomérations urbaines. Des villes, des régions s'identifient à une production (la Ruhr et l'acier ; Detroit et l'automobile…).

Mais cette configuration géo-économique est, depuis des décennies, mise en cause par les innovations techniques, la robotisation, la mutation et l'élargissement des systèmes industriels.

Dans ce jeu sans fin, le perdant paraît être toujours le plus chargé d'histoire, d'installations, d'emplois, de traditions, d'acquis sociaux, tandis que le gagnant a la rapidité, l'avidité, la brutalité de celui que n'encombrent pas le passé, les règles établies, le souci de maintenir ce que l'on a.

Du fait de l'internationalisation, jamais logique de l'État et logique de l'entreprise n'ont semblé aussi dissociées. L'État sait que la richesse sur son territoire risque de s'échapper par une hémorragie plus ou moins vive, plus ou moins lente. Quant à l'entreprise, elle ne saurait oublier qu'elle est vulnérable et que le monde reste régi par des États, qui peuvent réglementer, interdire, protéger.

B. Quelle configuration géo-économique du monde à l'aube du XXIe siècle ?

1. Quels espaces géo-économiques ?

a) L'espace mondial

L'espace géo-économique mondial est à la fois un et divers, ordonné et anarchique.

Il y a bien un jeu mondial d'offre et de demande, comme l'illustrent les mouvements de capitaux ou les délocalisations d'entreprises. Pour Charles Goldfinger (*La Géofinance*, 1986), « nouvel espace-temps financier qui se joue des règles de la géographie et des frontières nationales, la géofinance peut être définie comme une synthèse de l'argent global, de la technologie d'information et de la déréglementation ». Cela signifie que certains acteurs (entreprises, mais aussi individus, États, institutions internationales) font leurs calculs, leurs raisonnements, en prenant en considération, sinon la planète entière, du moins ses parties insérées activement dans l'économie mondiale.

Mais, dans ce jeu mondial, les inégalités, les barrières, les distorsions sont multiples. Ce qui rend possible ce jeu, ce sont la rapidité des échanges d'informations et aussi la baisse des coûts (notamment, transports). Or les réseaux, très denses dans l'espace Europe occidentale-Amérique du Nord-Japon, ne sont plus que des vaisseaux ténus dans les régions marginales (Afrique au sud du Sahara, Amérique andine, Pacifique Sud…).

Ce jeu a des règles. Mais celles-ci n'ont rien d'un ensemble cohérent, inscrit dans des textes, s'appliquant partout de la même manière. Des règles sont transcrites dans des textes ; n'est-ce pas la mission du GATT (General

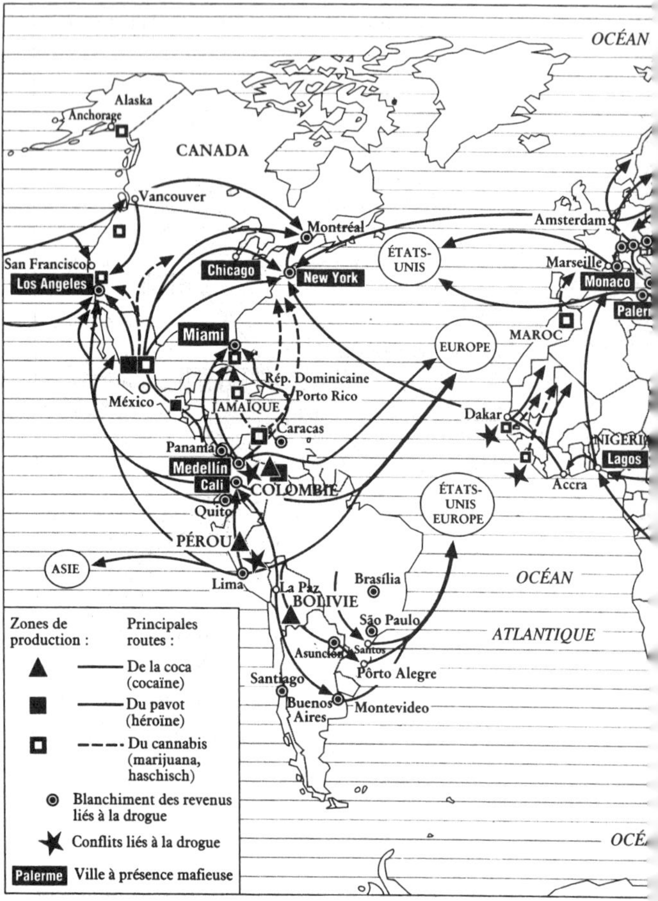

Source : *Dictionnaire de géopolitique*, Paris, Flammarion, 1993 (sous la direction de Y. Lacoste).

drogue - la production et le trafic mondial

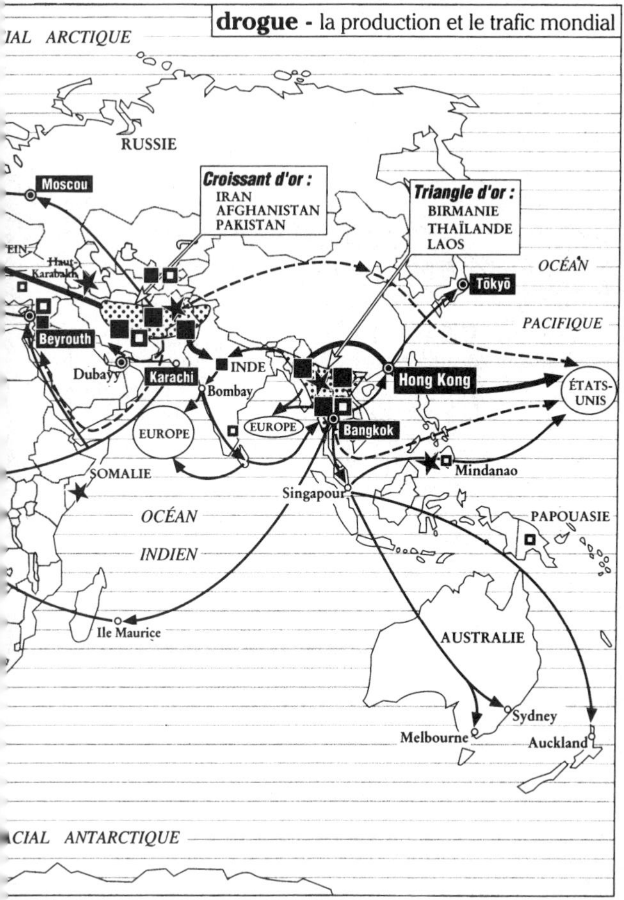

Agreement on Tariffs and Trade), créé en 1947, puis de son successeur, en 1995, l'Organisation mondiale du commerce (OMC), de multiplier normes et procédures, afin d'assurer un commerce international aussi transparent, aussi fluide que possible ? D'autres règles – innombrables traditions et pratiques commerciales – mêlent écrits et paroles.

Surtout, toute règle et toute absence de règle, en particulier dans un monde inégal, hétérogène, sans véritable autorité globale, provoquent des interprétations contradictoires. Ce que des pays développés appellent du dumping et perçoivent comme une agression organisée de pays en développement n'est, pour ces derniers, que la conséquence de leur niveau économique et social (débats récurrents autour du dumping social et des délocalisations). La règle ne se fait pas hors des rapports de forces ; elle les photographie, les discipline, parfois les atténue, ne les neutralise jamais tout à fait.

Dans cette internationalisation massive, ordres et désordres se mêlent. L'ordre officiel, tenu par les États, révèle ses limites, ses trous ; des ordres sauvages et précaires se constituent et se disloquent, ainsi que l'illustrent tous les « trafics » (drogue, argent, armes et même main-d'œuvre), qui, eux aussi, sont régis par des ordres spécifiques… et très violents.

b) Les espaces économiques régionaux

L'idée de géo-économie est étroitement liée au développement des organisations économiques régionales (principalement zones de libre-échange, mais aussi unions douanières) : d'abord, la construction européenne, depuis les années 1950 ; également, dans les années 1990, l'Association de libre-échange nord-américaine (ALENA ou NAFTA – selon le sigle américain –, regroupant les États-Unis, le Canada et le Mexique), le Mercosur (Brésil, Argentine, Paraguay, Uruguay), la relance de l'Association des nations de l'Asie du Sud-Est (ANASE ou ASEAN)... Le monde du XXIe siècle serait donc constitué de « blocs » économiques régionaux.

Une telle perspective paraît finalement bien approximative.

– Si tous ces espaces s'inscrivent dans une logique de constitution de grands marchés – seuls adaptés aux économies contemporaines –, chacun est bien différent de l'autre. L'Union européenne, qui repose sur un espace intégré, a bien deux originalités : une identité commune extérieure (notamment, politique commerciale commune) ; une finalité politique.

L'ALENA est une zone de libre-échange, facilitant le commerce entre ses partenaires mais n'établissant pas d'attitude commune face à l'extérieur ; de plus, l'ALENA unit un puissant colosse (États-Unis) et deux pays en fait pris dans son orbite (l'un développé, le Canada ; l'autre en voie de développement, le Mexique). En ce qui concerne l'ANASE (Thaïlande, Malaisie, Singapour, Indonésie, Brunei et Philippines), les partenaires clés de cet espace n'en sont pas membres : le Japon, la Chine, la Corée du Sud, les États-Unis. Le Mercosur, qui doit promouvoir une identité géo-économique sud-américaine, ne décolle pas : il est trop déséquilibré (poids écrasant du Brésil – 180 millions d'habitants – par rapport à l'Argentine – 40 millions d'habitants –, au Paraguay – 6 millions d'habitants – et à l'Uruguay – 3,4 millions d'habitants) ; le Mercosur est bloqué par les crises internes (Argentine des années 2000).

– Mondialisation et régionalisation se situent, l'une et l'autre, dans la même dynamique : celle de l'élargissement et de l'instabilité des marchés. Nombre de secteurs – de l'aéronautique aux télécommunications – sont contraints à une double approche, régionale (s'enraciner dans tel ou tel marché) et mondiale (ne négliger aucune région, ne jamais oublier que chaque région s'inscrit dans un champ planétaire de compétition).

La régionalisation – c'est-à-dire l'émergence d'espaces de forte densité d'interdépendances (Europe, Amérique du Nord, Asie maritime) – peut obéir plus ou moins à une exigence politique (principalement, construction européenne) mais est en définitive une composante des processus de croissance. En ce qui concerne l'Europe occidentale, tout au long des Trente Glorieuses (1945-1975), l'intégration communautaire est soutenue par les interactions entre croissance économique des pays participants et commerce entre eux. Quant aux pays de l'Asie maritime, s'ils font de plus en plus d'échanges entre eux, c'est là la conséquence et la condition de leur décollage depuis les années 1970. En dépit de la réduction des coûts de transport, de la mondialisation des relations, la proximité géographique, lorsqu'elle s'articule avec une poussée économique et une communauté de culture, demeure un facteur géo-économique capital. Mais la notion de bloc requiert au moins trois éléments, le dernier étant le plus décisif : d'abord, une cohésion interne très forte ; ensuite, une politique commune vis-à-vis du reste du monde ; enfin, une hiérarchisation des entités impliquées, c'est-à-dire une ou des puissances directrices, arrêtant les orientations, et disposant d'une capacité de pression sur l'ensemble. Les espaces économiques régionaux d'aujourd'hui sont imprégnés du principe d'égalité des États associés et restent fondés sur une négociation permanente, n'excluant pas les crises, entre ces associés.

c) L'espace de l'État souverain

L'État souverain est nécessairement un des espaces géoéconomiques. À la fois par ses frontières et par ses fonctions de législation, de police et de justice sur son territoire, cet État affecte les flux économiques.

Dans les faits, le poids des États est très variable selon de multiples facteurs (taille, position dans les réseaux d'échanges, population, degré de développement…).

Par ailleurs, l'État ne peut être neutre. Il a en charge une population, dont il doit garantir la sécurité et l'avenir (même le dictateur le plus cynique n'est pas en mesure de faire totalement abstraction de cet impératif). L'État – parfois en se trompant, parfois en surestimant ses moyens – s'efforce de dégager la politique lui permettant de contrôler ces flux ou au moins d'en tirer profit. Durant une grande partie du XXe siècle, des États (notamment Allemagne hitlérienne, Union soviétique, pays du tiers monde) soit s'isolent de ces flux par des barrières de toutes sortes, soit les organisent au sein d'un espace plus ou moins clos (Europe continentale occupée par l'Allemagne hitlérienne ; bloc soviétique de la fin des années 1940 à la fin des années 1980). Aujourd'hui, le libéralisme dominant, porté par l'explosion des interdépendances, privilégie la fluidité maximale des mouvements de biens, de services, de capitaux, d'idées. L'État, en cherchant à contrôler ces flux, risque de les détourner de son territoire et ainsi de priver sa population de leur apport vivifiant, novateur ; or, en même temps, cet État doit préserver les activités nationales, enracinées dans son territoire.

d) Les régions-États

> Les régions-États sont des zones économiques naturelles. Elles peuvent ou non s'inscrire dans le cadre géographique d'une nation particulière – s'il en est ainsi, c'est là un pur hasard de l'histoire. Parfois ces unités économiques spécifiques sont constituées par des morceaux d'États : par exemple, Italie du Nord, pays de Galles, Catalogne, Alsace-

> Lorraine, Bade-Wurtemberg. D'autres forment des ensembles se superposant aux frontières nationales : par exemple, San Diego et Tijuana, Hong Kong et la Chine du Sud, le « triangle de croissance » de Singapour et les îles voisines d'Indonésie. Dans le monde sans frontières d'aujourd'hui, ces zones constituent des espaces économiques naturels, et l'important est que chacune, avec une combinaison propre d'atouts, dispose des ingrédients essentiels pour s'insérer avec succès dans l'économie globale (Kenichi Ohmae, « La montée de la région-État », *Foreign Affairs*, printemps 1993).

Ce texte met bien en lumière l'une des dimensions fondamentales de la géo-économie. *Il y aurait dissociation, divorce du politique et de l'économique, de la légitimité et de la richesse.* D'un côté, se multiplieraient des régions, tirant leur unité d'une prospérité commune, et acquérant ainsi une autonomie d'action dans le champ économique international. De l'autre côté, les États subsisteraient, héritages du passé, superstructures vidées de leur substance.

Cette vision pose au moins deux questions :

– Plus ces régions économiques « naturelles » se développent, plus elles doivent faire face à des besoins collectifs (aménagements urbains, routes, gestion des déchets, santé, éducation…). Comment assumer de telles tâches sans une structuration politique (établissement d'impôts et de budgets, consentement des habitants à ces charges) ? De plus, existe-t-il des zones de prospérité dans lesquelles tous seraient également riches, les problèmes d'inégalité et de solidarité disparaissant alors ? L'économisme – qu'il s'appelle libéralisme ou marxisme – a pour horizon l'abolition du politique, l'enrichissement général substituant au « gouvernement des hommes » l'« administration des choses ». C'est supposer un monde où chacun ne connaîtrait plus d'obstacle à la satisfaction de ses désirs. Mais quel homme ne rêvera jamais de posséder justement ce que son voisin possède ?

– Les États-nations sont des machines à solidarité – fonctionnant certes plus ou moins bien. Quelle stabilité, quelle paix aurait un monde fragmenté entre, d'un côté, des zones de richesse – probablement minoritaires et finalement barricadées – et, de l'autre côté, d'immenses poches de stagnation, de pauvreté ? Ces unités économiques « naturelles » tendent à revendiquer l'indépendance (pourquoi payer pour les paresseux, les retardataires ?) ; mais elles sont par nature incomplètes et vulnérables. Si, conformément à leur vocation de pôles d'échanges, elles restent ouvertes, elles ne sauraient qu'attirer tous ceux en quête d'opulence. À l'inverse, si ces unités se ferment sur elles-mêmes pour protéger leurs ressources, que subsistera-t-il de l'échange, clé de leur abondance ?

2. Quelles hiérarchies géo-économiques ?

Selon la *géopolitique*, telle que l'ont exposée aussi bien le Britannique Mackinder que l'Allemand Haushofer, la puissance réside dans le contrôle d'éléments massifs (territoires, hommes, matières premières…). Puissance et sécurité sont indissociables ; être puissant, c'est disposer d'une assise de ressources aussi large et solide que possible. Dans cette perspective, la « vraie » puissance appartient aux États-continents (États-Unis, Union soviétique, Chine…), éventuellement à des empires (empires coloniaux, dans la première moitié du XXe siècle). De la fin de la Seconde Guerre mondiale aux années 1980, le système Est-Ouest, dominé par les deux supergrands, confirme cette représentation.

La *géo-économie* tend à identifier puissance et réseaux. La puissance vient alors de l'aptitude à constituer des réseaux (voies commerciales, canaux d'informations ou d'images…), à les utiliser, à en tirer profit. Ce qui confère la puissance, ce sont une position dans un réseau ou dans un ensemble de réseaux et le talent à exploiter cet avantage. Tandis que la puissance politico-militaire impose, commande, menace et frappe, la puissance par le réseau fait pression, influence, imprègne. Il n'y a plus d'injonctions mais des adhésions irrésistibles.

Or la géo-économie n'abolit pas les critères traditionnels de la puissance. Les enjeux politico-militaires se transforment mais demeurent. Ici, être puissant, c'est se montrer capable de bâtir ou de maintenir un ordre (par exemple, pour les États-Unis d'abord, préservation d'un régime efficace contre la prolifération nucléaire, l'acquisition d'armes nucléaires par des perturbateurs – comme la Corée du Nord…).

En même temps, la géo-économie suggère des hiérarchies floues, changeantes. De ce point de vue, l'exemple serait Singapour, ville-État de petite taille, remarquablement situé, et organisé pour l'échange ; mais cette exemplarité ne supprime pas la vulnérabilité de Singapour, qui évoque celle des cités commerciales d'Europe – Venise, Amsterdam… – soumises par les grands États bureaucratiques… Hong Kong, lui aussi modèle d'insertion dans la compétition économique, ne peut effacer le poids du politique : colonie britannique depuis 1841, Hong Kong retourne à sa mère patrie, la Chine, le 1er juillet 1997, et est en partie brisé par cette mise sous tutelle.

Mobilité, sens de l'adaptation, rapidité de réaction, imagination constituent autant d'atouts, mais donnent-elles la puissance ? Celle-ci suppose un tout cohérent avec une volonté et des outils. Mais, dans cette prolifération de réseaux, d'acteurs, la puissance ne devient-elle pas insaisissable ? Celui qui croit occuper le carrefour stratégique découvre bientôt que ces points décisifs sont peut-être innombrables.

*

*   *

La géo-économie est-elle une nouvelle géopolitique, outil plus pertinent pour saisir le monde du XXIe siècle ?

1. *La géo-économie confirme la permanence du facteur géographique.* La densité, la rapidité des communications de toutes sortes ne signifient pas « la fin de la géographie », mais la constitution d'une autre géographie économique, ou plutôt la superposition d'innombrables géographies, les unes héritées des époques paysannes, d'autres des phases successives de l'industrialisation, d'autres enfin liées à l'explosion des flux. La localisation – de bureaux, d'usines, de routes, de voies ferrées… – demeure un choix fondamental. Il ne saurait y avoir de « dé-géographisation », de dématérialisation totales. L'entreprise industrielle, tout en cherchant la plus grande flexibilité, s'organise au moins en réseau : lieux de fabrication, entrepôts, points de vente. Quant à l'opérateur financier, n'ayant besoin que d'écrans et de lignes téléphoniques, il serait en mesure de s'installer n'importe où ; en fait, il faut à cet opérateur une imprégnation quotidienne de rumeurs, d'informations, qu'il n'obtient que dans des endroits bien précis (d'abord, les grandes places financières).

2. La géo-économie souligne la diversité des acteurs impliqués dans le jeu économique international : États, entreprises, individus…

La géopolitique tend à appartenir aux grands acteurs politiques, aux États. La géo-économie implique institutions, États, banques, industries, producteurs, consommateurs ;

elle appréhende une sphère économique interne et internationale, à la fois échappant aux États mais ne cessant d'être affectée par leurs décisions.

3. *La géo-économie comme élément de reformulation des problématiques géopolitiques.* La géopolitique se développe autour d'une question : les rapports entre espace et politique. À cet égard, la géopolitique commence au moins avec celui qui est appelé « le père de l'histoire » (et aussi de la géographie) : le grec Hérodote (484 ?-420 ? av. J.-C.). Aussi longtemps que l'homme restera un « animal dans l'espace », rebâtissant sans cesse des constructions collectives (des empires de l'Antiquité aux États-nations modernes), il y aura des réflexions, des débats « géopolitiques ».

Ce que contribue à apporter la géo-économie, c'est une reformulation des problématiques géopolitiques, liée aux évolutions de concepts politiques « classiques » (puissance, État, nation, région…). La « macro »-géopolitique, axée sur les grandes entités, les grands ensembles, doit de plus en plus se combiner à la « micro »-géopolitique, attentive aux multiples fragmentations du monde et à leur inscription dans l'espace. Ce renouvellement des approches ne résulte pas seulement de la géo-économie, mais aussi de la géoculture, de la géoreligion… Tout phénomène humain a une dimension spatiale, géographique. De plus, tout phénomène humain rencontre à un moment ou à un autre le politique, c'est-à-dire l'organisation des rapports entre les hommes au sein d'institutions communes.

7

Géopolitique et organisations internationales

La géopolitique classique est inséparable du darwinisme social. Le monde est une jungle. Les États sont des animaux inégaux en lutte permanente pour leur survie. Alors, tout comme la multiplication des interdépendances, le développement des organisations internationales ne marque-t-il pas la fin de la géopolitique ? Ou plutôt ces organisations ne sont-elles pas productrices d'une nouvelle géopolitique ?

Ces organisations marquent l'ébauche de sociétés interétatiques. Les États membres de ces organisations constituent bien entre eux des sociétés, avec des principes et des règles communs. De plus, alors que la géopolitique part de l'inégalité entre les États et s'interroge sur les conséquences de cette inégalité, les organisations internationales sont d'inspiration démocratique, les États y étant égaux en droits et en devoirs.

Dans cette perspective, deux espaces doivent être distingués :

– mondial, avec le système des Nations unies tendant à faire de la Terre entière un territoire unique, soumis aux mêmes lois (I) ;

– l'espace européen, avec la construction européenne (II).

*

* *

I. LE SYSTÈME ONUSIEN

A. La Terre comme territoire unique.

Peut être défini comme territoire tout espace combinant deux caractères : des règles, des institutions communes à l'intérieur de cet espace, organisant et garantissant son unité ; une frontière séparant radicalement l'intérieur et l'extérieur de cet espace.

L'Organisation des Nations unies (ONU) et, tout autour d'elle, la constellation des institutions spécialisées (Fonds monétaire international, FMI, Organisation mondiale de la santé, OMS…) établissent entre tous les États parties un territoire commun, régi par les principes et mécanismes onusiens :

– relations pacifiques entre ces États ;
– respect mutuel de leur souveraineté et de leur intégrité territoriale ;
– règlement pacifique des différends ;
– non-ingérence dans les affaires intérieures…

Au-delà de l'ONU, la Terre se constitue en territoire unique par trois dynamiques :

– *La Terre comme espace unique de compétition.* Il y a bien mondialisation de la compétition par les moyens d'information et les facilités de circulation. Chaque individu est en mesure de comparer sa situation avec celle des autres et éventuellement de tenter de la changer en se déplaçant (mouvements migratoires). Chaque individu est soumis à des comparaisons permanentes. Ainsi il existe bien une sorte de marché mondial des médecins, des ingénieurs… Les entreprises comparent les territoires étatiques et peuvent « délocaliser » telles ou telles activités vers tout pays qui leur semble offrir les meilleures conditions (main-d'œuvre, infrastructures, etc…). Les États, à la différence des individus et des entreprises, sont ancrés dans leur territoire ; ils sont mis en concurrence les uns avec les autres, chacun devant apparaître comme un lieu idéal, le mieux adapté possible au développement des richesses.

– *La planétarisation de problèmes sociaux et politiques.* Tous les grands enjeux collectifs, de l'organisation des échanges à la gestion de l'eau, de la santé publique au contrôle des armements, ont désormais une dimension planétaire. Aucune partie de la planète ne peut être laissée de côté, toute zone échappant à la légalité internationale tendant à être utilisée pour des activités ou des trafics dangereux (production de drogues, refuge de terroristes…).

– *La formation d'un espace public planétaire*. L'État a eu longtemps et garde dans une certaine mesure le monopole de la vie publique, nationalité et citoyenneté étant inséparables. De manière désordonnée, se développent de nombreux espaces publics. Ainsi chaque organisation internationale constitue bien, pour les États participants, un espace public. La Terre, elle même, devient espace public, les hommes – ou, au moins, des hommes – prenant conscience que les grands défis collectifs (développement soutenable, partage des richesses, sécurité…) ne peuvent être assumés que par des institutions planétaires. Il en résulte des germes d'une citoyenneté planétaire : organisations non gouvernementales ; forums de tous types ; sommets de chefs d'État ou de gouvernement…

Ainsi se dessine, au-dessus de la géopolitique des États, une macro-géopolitique planétaire.

B. L'intérieur et l'extérieur

La géopolitique classique traite les États comme des entités homogènes et cohérentes. L'intérieur et l'extérieur des États sont hermétiquement séparés. Les choix géopolitiques sont analysés comme des choix intemporels, dictés par les intérêts permanents d'une entité : la France, l'Allemagne, la Chine…

Ce cloisonnement entre intérieur et extérieur des États se disloque sous la pression de deux facteurs :

– *La multiplication des circulations.* Les frontières étatiques ne disparaissent en aucune manière ; elles deviennent de plus en plus poreuses, traversées par des mouvements de toutes sortes : biens, services, idées, hommes…, mouvements à la fois légaux et illégaux. Des lois, des règles continuent d'être produites par les États, ne s'appliquant que dans les limites territoriales de ces États. En même temps, ces circulations doivent être prises en considération par les lois.

– *La multiplication des normes internationales.* Ces normes sont d'abord promues par toutes ces circulations, qu'il faut tenter de réglementer et de surveiller. Ces normes créent peu à peu un *corpus juridique* liant les États entre eux par tous ces dispositifs qui, progressivement, les coiffent, les enveloppent et les pénètrent. Ces normes doivent être appliquées à des affaires concrètes. Il peut en résulter des litiges, et ces litiges doivent être réglés par des mécanismes institutionnels (par exemple Cour internationale de justice – CIJ – pour les différends juridiques entre États, Organe de règlement des différends – ORD – de l'Organisation mondiale du commerce – OMC – pour les questions commerciales…). Les États, s'ils acceptent ces dispositifs, se trouvent encadrés, « civilisés » par tous ces mécanismes, l'ONU et, en son sein, le Conseil de sécurité ne constituant que la partie émergée d'un iceberg, celui sans cesse plus important des règles et des organisations internationales.

Ces éléments esquissent un autre paysage géopolitique. Pour la géopolitique classique, le monde des États est une jungle. Les États, animaux très inégaux, coexistent, la régulation étant assurée par la loi du plus fort. La multiplication des normes et des organisations internationales développe une société interétatique.

La ligne de partage entre l'intérieur et l'extérieur, de verticale, devient horizontale. Dans la géopolitique classique, l'intérieur, c'est ce qui relève de la souveraineté de l'État ; l'extérieur, c'est l'ensemble des autres États. Dans la géopolitique des organisations internationales, l'intérieur et l'extérieur des États sont imbriqués par les normes : échanges, droits de l'homme, santé… Toutes ces normes dissolvent la distinction affaires extérieures/affaires intérieures, intégrant les deux domaines dans les aires de lois communes.

Y a-t-il encore un extérieur ? L'extérieur couvre tout ce qui est hors de l'intérieur, tout ce qui échappe à la norme. C'est l'univers énorme et confus des trafics, des mafias, des États faibles… Ce sont les bas-fonds du système international.

Cette problématique change profondément les relations entre guerre et police. Dans le monde de la géopolitique classique, où la souveraineté de l'État est absolue, où l'État détient « le monopole de la force légitime » (Max Weber), la police concerne l'intérieur et la défense l'extérieur. Dans le monde des organisations internationales, la guerre est censée disparaître, les États n'ayant plus entre eux que des rapports amicaux – ceux-ci n'excluant pas des différends, réglés par la négociation ou par des autorités indépendantes –. Le désordre ne vient plus des rivalités entre États mais des délinquances, des violations de la loi, ces violations étant le fait aussi bien d'individus, d'entreprises, d'États. Il n'y a plus, d'un côté, la police et, de l'autre, la guerre. Tout ce qui relève de la force légitime devient affaire de police, les États formant une société, avec, pour intérêt commun, la préservation de l'ordre de cette société. Ainsi émerge une macro-géopolitique, dont la question centrale est : quelle gestion légitime et efficace pour le territoire qu'est la Terre ?

C. Territoire planétaire, territoires étatiques

De quelle manière la formation d'un territoire planétaire affecte-t-elle les territoires étatiques, unités fondamentales de la géopolitique ?

1. Des territoires étatiques, à la fois consolidés et fragilisés

Le système des organisations internationales, loin de supprimer les États, repose sur eux. Tout d'abord, ce système est conçu et voulu par les États ; il est modelé par des traités interétatiques et ne s'applique qu'aux États qui y souscrivent. De plus, ce système confère aux États une nouvelle légitimité, celle d'être les rouages de l'ordre institutionnel mondial. L'un des principes majeurs de ce système est le respect de l'intégrité territoriale des États. Chacun respecte et reconnaît le territoire des autres. Les États, par ces reconnaissances mutuelles, organisent et tiennent l'ordre territorial mondial. La stabilité des frontières est bien l'une des composantes clés de l'ordre planétaire.

Ces frontières interétatiques, consolidées par cet accord entre les États (tous ou au moins le plus grand nombre ayant abandonné tout rêve d'expansion territoriale), se trouvent fragilisées de l'intérieur, par le droit des peuples à disposer d'eux-mêmes, par les revendications multiples de groupes ou de peuples, réclamant leur propre territoire. Les États, cessant de craindre des agresseurs extérieurs, se découvrent menacés de dislocations internes.

Ici intervient une transformation radicale de la géopolitique. L'étude des heurts entre grandes masses étatiques s'efface au profit de l'analyse des effervescences identitaires. À la macro-géopolitique du territoire planétaire répond la micro-géopolotique des ethnies, des religions, des cultures.

2. Des territoires-relais

Le développement des cadres institutionnels internationaux, voulu et fondé par les États, transforme la raison d'être du territoire étatique.

Dans la géopolitique classique, le territoire matérialise l'esprit d'un peuple, le but étant de faire coïncider les deux, par la conquête, la purification ethnique ou d'autres moyens.

Dans la macro-géopolitique du système institutionnel mondial, le territoire étatique est un donné historique, qu'il faut respecter. Ce territoire est le produit des chaos de l'histoire et notamment des guerres. Tracé par les affrontements des armées, ce territoire est « injuste », mais il existe, reconnu par les autres États. Il faut accepter ces faits. En outre, les États, de manière très inégale, acquièrent une homogénéité humaine. Chaque État représente un territoire, une population ; il est un point de passage obligé entre les normes internationales et ce territoire, cette population. L'État est bien un rouage essentiel du système institutionnel mondial.

D'où une géopolitique de l'ordre et du chaos. À un extrême du système, se trouvent les États bien intégrés, connectés aux réseaux mondiaux par d'innombrables canaux, des conteneurs aux chaînes de télévision. À l'autre extrême, ce sont les États faillis *(failed states)*, morceaux d'États mal construits, souvent liés à l'extérieur par des trafics (drogues, déchets dangereux...). Entre ces extrêmes, les formules intermédiaires sont infinies.

II. LA CONSTRUCTION EUROPÉENNE

A. La construction européenne comme processus anti-géopolitique ou a-géopolitique

La construction européenne, conçue par les pères de l'Europe (Jean Monnet, Robert Schuman, Paul-Henri Spaak, Konrad Adenauer...), est voulue comme anti-géopolitique : « Il faut donc abandonner les formes passées et entrer dans une voie de transformation, à la fois par la création de conditions économiques de base communes et par l'instauration d'autorités nouvelles acceptées par les souverainetés nationales. L'Europe n'a jamais existé. Ce n'est pas l'addition des souverainetés réunies dans des conseils qui crée une entité. Il faut véritablement créer l'Europe » (mémorandum Monnet, 3 mai 1950). Ce rejet de la géopolitique est opéré par quatre cheminements :

– *La représentation du territoire*. Les territoires étatiques sont acceptés tels qu'ils sont. Ce qui importe, c'est de les ouvrir, de multiplier les échanges, de faire travailler les peuples ensemble. Le territoire est non un lieu mythique, mais un support de relations.

– *Le contournement des États*. Pour les pères de l'Europe, les États, leurs rivalités incessantes ont fait le malheur du continent. En même temps, les États existent ; ce sont des réalités historiques. Il faut donc les contourner, en prenant appui sur le « technique » : création d'un marché unique, contrôle de la concurrence… Les États se retrouveront ainsi ligotés et ne pourront plus que coopérer.

– *L'instauration d'autorités indépendantes supérieures*. L'État, entité suprême de la géopolitique classique, se trouve soumis à des règles, dont le respect est surveillé par des autorités indépendantes, tant politico-administratives (Commission européenne, chargée notamment de contrôler le bon fonctionnement du marché unique) que juridictionnelles (Cour européenne des droits de l'homme, dans le cadre de la Convention européenne de sauvegarde des droits de l'homme et des libertés fondamentales ; Cour de justice de l'Union européenne).

– *Les valeurs comme critère d'appartenance aux clubs européens*. L'Europe des droits de l'homme, l'Union européenne peuvent être analysées comme des clubs. Tout État, voulant faire partie de ces clubs, doit remplir des conditions, les critères dits de Copenhague : régime démocratique, économie de marché, incorporation de l'acquis communautaire (règles européennes existantes)... Si ces conditions sont satisfaites, l'État candidat peut être admis à l'issue de négociations conclues par un traité, ce traité devant être approuvé et ratifié par chacun des États membres.

Ces organisations européennes sont donc des ensembles clos. Ici surgit la contradiction majeure due au rejet de la géopolitique. Si l'Union européenne se définit uniquement par ses valeurs, ne doit-elle pas être ouverte à tout État, au moins européen, fidèle à ces valeurs ? Mais la procédure d'adhésion doit constituer un filtre permettant à l'Union européenne et à ses États membres de décider souverainement si tel ou tel État doit rejoindre ou non l'Union. Dans ces conditions, l'Union peut-elle écarter un État, qui satisferait les critères de Copenhague, mais que l'Union aurait le sentiment de ne pas pouvoir intégrer (par exemple, la Turquie, peut-être l'Ukraine ou même la Russie) ? Deux logiques s'opposent ici : la logique universaliste des valeurs ; la logique géopolitique, qui appréhende l'Union européenne comme une construction géohistorique, devant s'interroger sur sa localisation dans l'espace et le temps.

B. Les inévitables défis géopolitiques

L'Union européenne est un ensemble situé dans l'espace et le temps. Il y a bien un intérieur et un extérieur de l'Union, séparés par une frontière. La spécificité de l'Union vient de ce que ses frontières évoluent en fonction des élargissements (1973 : Royaume-Uni, Irlande et Danemark ; 1981 : Grèce ; 1986 : Espagne et Portugal ; 1995 : Autriche, Finlande et Suède ; 2004 : Chypre, Estonie, Hongrie, Lettonie, Lituanie, Malte, Pologne, République tchèque, Slovaquie et Slovénie) et, peut-être un jour, de retraits.

L'Union européenne ne peut échapper à la géopolitique. La construction européenne est perçue initialement comme « technique » son domaine privilégié de réalisation étant un marché unique entre les États membres. Mais le processus est d'emblée géopolitique, car il vise à organiser un territoire (celui des Communautés européennes, puis, depuis 1993, de l'Union européenne) et à fixer les relations de ce territoire avec l'extérieur, notamment par la Politique commerciale commune.

Avec l'écroulement du bloc soviétique et le bouleversement de la donne géopolitique européenne, le vieux continent n'étant plus tenu par le face-à-face des deux blocs, la construction européenne est contrainte de se poser des questions géopolitiques : que faire avec les Pays d'Europe centrale et orientale, sortis de la tutelle soviétique ? La construction européenne peut-elle rester « technique », s'occupant essentiellement du marché unique, ou doit-elle prendre des responsabilités de sécurité, de défense ?

1. Quelles frontières pour l'Union européenne ?

Les frontières de l'Union européenne, comme celles des États, sont tracées par l'histoire. Pour les États, la guerre est la grande dessinatrice des frontières. L'Union européenne est pacifique ; ses frontières résultent de négociations.

À l'époque de la guerre froide, de la fin des années 1940 à la fin des années 1980, les frontières des Communautés européennes ne sont pas un problème. L'Europe au-delà du rideau de fer est soumise à la botte soviétique. Seuls les pays d'Europe occidentale peuvent participer à la construction européenne. En 1950, celle-ci commence autour de la France et de l'Allemagne de l'Ouest, auxquelles se joignent les trois États du Bénélux et l'Italie. Le Royaume-Uni, invité à se joindre à l'aventure, dit non : cette construction est une affaire pour les continentaux, tous ayant été vaincus et occupés. Le Royaume-Uni continue de croire au grand large.

La construction européenne, étant un succès, attire. Le Royaume-Uni redoute d'être marginalisé ; en 1973, avec l'Irlande et le Danemark, il s'embarque. Dans la décennie 1980, les trois pays dits méditerranéens (Grèce, Espagne et Portugal) suivent. En 1995, s'ajoutent l'Autriche, la Finlande et la Suède.

La chute du bloc soviétique fait des frontières de l'Union européenne (celle-ci créée en 1993) un enjeu géopolitique. Le rideau de fer fixait la frontière des Communautés ; or il s'est évanoui. En 2004, l'Union prend dix nouveaux États membres, huit d'Europe centrale, plus deux méditerranéens (Chypre et Malte).

Mais quelles sont les « bonnes » frontières de l'Union européenne ? Y a-t-il des « bonnes » frontières ? Les États ont des frontières rêvées (ainsi la France et ses frontières dites naturelles), mais celles-ci ne se matérialisent jamais. Pour l'Union européenne, quelles seraient les frontières idéales ?

– Celles coïncidant avec le continent européen ? Le dessin géographique de l'Europe n'est qu'une convention (la limite de l'Oural, en Russie, venant du géographe russe Tatischeff). Plusieurs États (Russie, Turquie) ont une partie européenne et une partie non européenne.

– Celles coïncidant avec la chrétienté ? La chrétienté ne se limite pas à l'Europe. L'Europe a des composantes musulmanes (notamment une partie des Balkans). Enfin quelle chrétienté ? Toutes les chrétientés – catholique, protestante et orthodoxe – ?

Il n'existe pas de frontières « objectives ». Toute frontière est le résultat de rapport de forces, s'exprimant soit dans la guerre, soit dans la négociation. Les frontières de l'Union européenne sont modelées par les candidatures de l'extérieur et par les accords ou les désaccords de l'intérieur. Pourquoi la Turquie ? Pourquoi pas la Turquie ? Pourquoi l'Ukraine ? Pourquoi pas l'Ukraine ?

Cette question des frontières appelle celle de l'identité géopolitique de l'Union. Si l'Union accueille la Turquie, elle devient une entité proche ou moyen-orientale. Veut-elle cette modification d'identité ? Est-elle prête à assumer des responsabilités substantielles dans le Caucase ou au Moyen-Orient ?

2. Quelles responsabilités géopolitiques pour l'Union européenne ?

La géopolitique s'impose à la construction européenne par les bouleversements du continent européen depuis la chute du bloc soviétique. Par ailleurs, le « technique » débouche toujours sur le « politique » : le marché unique appelle des règles communes et des institutions pour les faire respecter ; face à l'extérieur, ce marché doit être un et se doter d'une politique commerciale ; enfin ce marché s'approfondit, notamment par une monnaie unique.

Depuis la Seconde Guerre mondiale, l'Europe occidentale puis, avec la fin de l'antagonisme Est-Ouest, l'essentiel de l'Europe (à l'exception de l'espace russe) se trouve sous la protection des États-Unis. Ceux-ci, reconnus comme le gardien ultime de la sécurité européenne, notamment à travers l'Alliance atlantique, assument la géopolitique de l'Europe. En 1945, la victoire des deux colosses, États-Unis et URSS, retire aux États européens le droit de faire la guerre. Désormais la question de la guerre et de la paix en Europe appartient aux deux super grands et à leurs alliances respectives. En 1989-1991, la fin du gel de l'Europe par le face-à-face américano-soviétique se traduit par le retour de la guerre. Celle-ci se déchaîne dans l'ex-Yougoslavie puis dans le Caucase, zones à la marge de l'ordre européen.

L'Europe occidentale apparaît tiraillée entre la préservation du confort, qu'apporte la paix américaine, et la conscience qu'une nouvelle ère commence en Europe, les États-Unis n'étant plus un protecteur omniprésent et inconditionnel, mais un grand allié plus ou moins lointain, absorbé par bien d'autres questions dans le monde : Palestine, Irak, Corée…

L'Europe s'interroge donc sur ses responsabilités géopolitiques. Quel doit être son rôle dans la sécurité européenne ? Il va de soi que l'Union européenne, grand marché, pôle de richesse, doit attirer dans son orbite économique l'ensemble de sa périphérie, du Maroc à la Russie. Le chantier est immense : intégration des Pays d'Europe centrale et orientale ; reconstruction des Balkans ; partenariat euro-méditerranéen…

L'Union européenne ne doit-elle pas faire plus : assumer des fonctions de police en Europe (ainsi dans l'ex-Yougoslavie) et même ailleurs (ainsi en Afghanistan) ? Telle est l'ambition géopolitique de la défense européenne : doter l'Union européenne de forces d'urgence capables d'intervenir dans toute crise, où des intérêts européens sont menacés.

*

* *

La géopolitique comme science, comme idéologie, appartient à une époque révolue, celle du darwinisme social, des affrontements impériaux planétaires : rivalités entre l'Angleterre, les États-Unis, l'Allemagne, le Japon, la France ; bras de fer américano-soviétique. Il reste que tout fait politique a une dimension géographique ou plutôt géohistorique. Aucun événement, aucun problème politique n'est compréhensible si ses composantes géographiques et historiques ne sont pas examinées. Voici le temps des géopolitiques : géopolitique des États mais aussi micro-géopolitique des régions, des ethnies, des villes, macro-géopolitique des organisations continentales et mondiales.

Bibliographie

A. Textes et ouvrages

Ancel, Jacques, *Peuples et Nations des Balkans*, Paris, Comité des travaux historiques et scientifiques, 1993.

Belletini, Jacques, « La géopolitique de Sir Halford Mackinder et l'ère nucléaire », *Stratégique* (Paris, Fondation pour les études de défense nationale), 1er trimestre 1983, p. 111-169, 2e trimestre 1983, p. 129-148, 3e trimestre 1983, p. 53-92.

Chauprade, Aymeric, *Introduction à l'analyse géopolitique*, Paris, Ellipses, 1999.

–, *Géopolitique, constantes et changements dans l'histoire*, Paris, Ellipses, 2001.

Chauprade, Aymeric, Thual, François, *Dictionnaire de géopolitique*, Ellipses, 2e éd., 1999.

Cohen, Saul B., *Geography and Politics in a Divided World*, Londres, Methuen, 1964.

Dollfus, Olivier, « Le système-monde », *L'Information géographique* (Paris, Armand Colin), n° 54, 1990, p. 45-52.

Durand, Marie-Françoise, Lévy, Jacques, et Retaillé, Denis, *Le Monde. Espaces et systèmes*, Paris, Dalloz/Presses de la Fondation nationale des sciences politiques, 1992.

Encel, Frédéric, Thual, François, *Géopolitique d'Israël*, Paris, Seuil, 2004.

Foucher, Michel, *Fronts et Frontières, un tour du monde géopolitique*, Paris, Fayard, 1988 ; rééd., 1991.

– (éd.), *Fragments d'Europe*, Paris, L'Observatoire européen de géopolitique/Fayard, 1993.

Gallois, Pierre-Marie, *Géopolitique : les voies de la puissance*, Paris, Fondation pour les études de défense nationale/Plon, 1990.

Goldfinger, Charles, *La Géofinance. Pour comprendre la mutation financière*, Paris, Éd. du Seuil, coll. « Odyssée », 1986.

Gray, Colin S., *The Geopolitics of the Nuclear Era*, New York, Crane, Russak & Co, 1977.

Haushofer, Karl, *De la Géopolitique*, préface de Jean Klein, introduction de Hans-Adolf Jacobsen, Paris, Fayard, 1986.

Korinman, Michel, *Quand l'Allemagne pensait le monde. Grandeur et décadence d'une géopolitique*, Paris, Fayard, 1990.

–, *Deutschland über alles, le pangermanisme 1890-1945*, Paris, Fayard, 1999.

Lacoste, Yves, *Ibn Khaldoun. Naissance de l'histoire, passé du tiers monde*, Paris, François Maspero, 1966.

–, *La géographie, ça sert d'abord à faire la guerre*, Paris, François Maspero, 1976.

–, *Questions de géopolitique*, Paris, Le Livre de Poche, « Biblio-Essais », 1988.

–, *Paysages politiques*, Paris, Le Livre de Poche, « Biblio-Essais », 1990.

– (éd.), *Dictionnaire de géopolitique*, Paris, Flammarion, 1993.

Lejeune, Dominique, *Les Sociétés de géographie en France et l'Expansion coloniale au* XIX*e siècle*, Paris, Albin Michel, 1993.

Lorot Pascal, Thual François, *La Géopolitique*, Paris, Montchrétien, 1997.

Mackinder, Halford J., « Le pivot géographique de l'histoire » (1904), *Stratégique*, 55 (Paris, Fondation pour les études de défense nationale), n° 3, 1992, p. 11-29.

–, « The Round World and the Winning of the Peace », *Foreign Affairs*, vol. XXI, n° 4, juillet 1943, p. 595-605.

Moreau Defarges, Philippe, *Dictionnaire de géopolitique*, Paris, Armand Colin, 2002.

O'Brien, Richard, *Global Financial Integration : The End of Geography*, Londres, Royal Institute of International Affairs/Pinter, 1992.

Ohmae, Kenichi, « Rise of the Region State », *Foreign Affairs*, printemps 1993.

Raffesin, Claude, Lopreno, Dario, Pasteur, Yvan, *Géopolitique et Histoire*, Paris, Payot, 1995.

Ratzel, Friedrich, *La Géographie politique, les concepts fondamentaux*, Paris, Fayard, 1987.

Reclus, Élisée, *L'Homme et la Terre. Histoire contemporaine*, 2 vol., Paris, Fayard, « Corpus des œuvres de philosophie en langue française », 1991.

Scheibling, Jacques, *Qu'est-ce que la géographie ?*, Paris, Hachette, 1994.

Spykman, Nicholas John, *America's Strategy in World Politics. The United States and the Balance of Power*, Hamden, Connecticut, 1942.

–, *The Geography of the Peace*, New York, Harcourt and Brace, 1944.

Thual, François, *Géopolitique du chiisme*, Paris, Arléa, 1995.

Trenin, Dimitri, *The End of Eurasia : Russia on the Border Between Geopolitics and Globalization*, Washington, Carnegie Moscow Center, 2001.

B. Revues

Géoéconomie, revue trimestrielle.

Hérodote, revue de géographie et de géopolitique, Paris.

Index des noms, des États et des concepts clés

Les États, les concepts clés sont en caractères romains, les noms de personnes en italiques. Les pages en caractères gras indiquent les développements les plus importants.

Table

RÉALISATION : PAO ÉDITIONS DU SEUIL
IMPRESSION : NORMANDIE ROTO IMPRESSION S.A.S. À LONRAI
DÉPÔT LÉGAL : MARS 2005. N° 79986 (050388)
IMPRIMÉ EN FRANCE